미래 세대를 위한

녹색특강

미래 세대를 위한 **녹색 특강**

제1판 제1쇄 발행일 2023년 11월 13일

글 _ 박병상
기획 _ 책도둑(박정훈, 박정식, 김민호)
디자인 _ 채홍디자인
펴낸이 _ 김은지
펴낸곳 _ 철수와영희
등록번호 _ 제319-2005-42호
주소 _ 서울시 마포구 월드컵로 65, 302호(망원동, 양경회관)
전화 _ 02) 332-0815
팩스 _ 02) 6003-1958
전자우편 _ chulsu815@hanmail.net

ISBN 979-11-7153-002-1 43300

철수와영희 출판사는 '어린이' 철수와 영희, '어른' 철수와 영희에게
도움 되는 책을 펴내기 위해 노력합니다.

미래 세대를 위한

녹색 특강

글 박병상

철수와영희

녹색이 일상인 삶을 위해

2022년 11월, "우리는 지금 기후 변화 지옥으로 향하는 고속도로에서 가속 페달을 밟고 있다"고 말하면서 발을 동동 구른 안토니우 구테흐스 유엔 사무총장은 8개월이 지난 후 지구 온난화 시대가 끝났다고 한탄했습니다. '지구 열대화'가 시작되었다는 겁니다.

유엔 사무총장은 걱정과 한탄만 한 건 아닙니다. 지구는 회복 불가능한 상황으로 빠르게 변해 가지만, 최악을 피할 여지는 남아 있다면서, 희망을 버리지 말자고 손을 내밀어요. 위기에 빠져드는 지구에서, 희망은 탄소 중립과 생태계 회복에 있어요. 인류가 생존할 대안인데, 남은 시간은 많지 않아요.

환경 운동가와 생태학자 들은 다가오는 10년 안에 최선을 다하자고 마음을 모읍니다. 10년 뒤 지구 상황이 지금보다 나아지려면 우리는 지금과 다른 삶을 살아야만 합니다. 어떤 삶을 선택해야 할까요? 후손을 위한 삶은 녹색이 일상인 삶이어야 합니다. 이를 실천하려면 발전과 성공이 아니라 생존과 행복을 위한 행동이 필요해요.

사람들은 경제를 많이 걱정하지만, 사실 기후 위기가 훨씬 더 무섭습니다. 기후 위기를 극복하지 못하면 경제가 나아져도 소용이 없으니까요. 기후 위기는 화석 연료를 과소비한 인류의 탐욕이 빚었습니다. 파국은 눈앞까지 다가오고 있습니다. 그래서 앞으로 10년이 중요합니다.

내일의 위기는 저를 포함해, 이 시대 어른의 책임이 가장 큽니다. 저는 위기를 물려줄 수밖에 없는 오늘을 개탄하면서 반성합니다. 성공과 발전을 위한 헌신이라 여겼는데, 후손을 위기에 빠뜨린 탐욕이었다는 걸 늦게 깨달았어요.

청소년들의 노력도 필요합니다. 부디 지금의 기후 위기를 외면하지 말아요. 위기를 부추기는 삶을 단호히 거부하면서 대안을 고민해야 합니다. '녹색이 일상인 삶'은 즐거워야 합니다. 그래야 지속될 수 있어요.

지금은 '지구 열대화'로 가는 위기의 시대입니다. 반성하는

미래 세대를 위한 녹색 특강

60대 환경 운동가의 절박한 마음을 담은 이 책이 여러분에게 도움이 되었으면 합니다.

박병상 드림

차례

3부 | 우리가 꿈꾸는 녹색 미래

자연은 우리의 친구

1부

1
자연 생태계의 원리

생태계는 다채로워요. 아마존처럼 수많은 나무가 울울창창한 열대 우림 생태계가 있고 바닷속 산호초 주변에 크고 작은 생물이 수두룩한 해양 생태계가 있죠. 얼음으로 뒤덮인 극지방과 모래바람이 매서운 사막에도 언뜻 눈에 띄지 않는 생물이 다양하게 사는 생태계가 있습니다. 수많은 생물의 자연스러운 터전인 생태계 안에서 동식물은 서로 먹고 먹히는데, 갑자기 사라지거나 늘어나는 생물은 보이지 않아요. 안정된 생태계의 특징이 대개 그렇습니다.

약육강식은 없다

생태계를 자세히 들여다보면, 먹이사슬의 최상부에서 다른 생물을 지배하는 종이 있습니다. 아프리카 탄자니아의 세렝게티 국립공원이라면 땅에서는 사자일 테고 하늘이라면 독수리쯤 되겠지요. 우리나라 조선 시대 육지 생태계에서는 호랑이였습니다. 100여 년 전 일제 강점기에 일본이 한반도의 대형 육식 동물을 전멸시키기 전까지는 말이에요.

생태계를 흔히 그물망에 비유해요. 수많은 생물이 얽히고설킨 관계를 맺으니까요. 어떤 종이 지배적 지위를 가지려면 그것이 속한 생태계 안에 다양한 생물이 안정적으로 분포할 수 있어야 합니다.

생태계가 처음부터 다채로운 건 아니었습니다. 생물은 환경 변화에 맞서 힘겨운 적응 과정을 수없이 거쳐야 했는데, 일부 새로운 생물로 진화했지만, 일부는 실패해 사라졌습니다. 멸종하는 경우도 종종 있었어요. 그렇게 다양하게 진화한 생물이 모여 함께 어우러지면서 생태계는 풍요로워졌습니다.

생태계에 존재하는 모든 생물은 당연히 조상이 있어요. 개와 늑대처럼 사람과 원숭이도 마찬가지일 텐데, 아주 먼 옛날로 거슬러 올라가면 사람과 늑대의 공동 조상도 찾을 수 있을

미래 세대를 위한 녹색 특강

젊은 시절 찰스 다윈의 초상(1840년).   ⓒ조지 리치몬드

겁니다. 하지만 아무래도 골격과 유전자가 사람과 비슷한 원숭이가 늑대보다 우리와 가까울 겁니다.

1859년 『종의 기원』을 펴낸 찰스 다윈은 현 생태계에 존재하는 원숭이가 사람 조상이라고 쓰지 않았어요. 공동 조상에서 갈라졌다고 주장했는데, 공동 조상이 사람과 원숭이 중 어느 쪽에 더 가까웠는지는 확실하지 않아요. 다윈은 또한 '자연 선택설'을 주장했습니다. 혹독한 자연 선택 과정을 거치면서 생물이 진화한다고 말했습니다.

그러나 교회가 세상을 지배하던 당시 유럽에서 생물의 진화를 주장하는 건 위험했습니다. 교회는 막강한 권력을 가졌습니다. 하느님이 세상을 창조했다고 믿는 교회와 다른 의견을 내세우면 처벌을 피할 수 없었죠. 지동설을 주장한 과학자들처럼 종교재판을 당하거나 심지어 사형을 선고받을 수도 있었으니까요. 다윈은 신중했습니다. 20년 넘는 방대한 연구를 바탕으로 마침내 『종의 기원』을 펴내요.

그 후로도 많은 사람이 한동안 생물의 진화를 부정했습니다. 하지만 과학자들이 관찰과 실험으로 진화론을 입증하면서 세상은 조금씩 바뀌기 시작하죠. 그러는 사이 종교는 점차 지배력을 잃어 갔습니다. 종교가 힘을 잃고 물러서던 시기 제국주의가 등장했습니다. 강력한 무력으로 식민지를 넓혀 가던 유럽 국가 중 영국이 선두를 달렸는데, 찰스 다윈이 바로 이 나라 출신이에요. 다윈은 1809년 영국 중부의 슈루즈버리에서 태어났지요. 어려서부터 자연을 주의 깊게 살펴본 다윈은 50세에 진화론을 발표합니다.

많은 사람은 다윈의 진화론을 '약육강식'이나 '적자생존'으로 이해합니다. 약한 자는 강한 자에 먹히는 게 당연하다는 '약육강식' 이론이나 환경에 적응된 개체들만이 생존할 자격을 갖는다는 '적자생존' 이론은 무력으로 약자를 지배해 나가던 제국주의 세상에 안성맞춤이었죠. 다윈도 그렇게 생각했

미래 세대를 위한 녹색 특강

을까요? 『종의 기원』 어디서도 힘 있는 생물만 살아남고 열등한 생물은 도태해 사라진다고 한 적이 없어요. 약육강식이라는 말 자체가 안 나옵니다.

제국주의 시대의 생물학자 토머스 헉슬리와 철학자 허버트 스펜서는 다윈의 진화론을 지지했습니다. 하지만 이들의 논리는 다윈과는 조금 달랐어요. 약육강식은 토머스 헉슬리가, 적자생존은 허버트 스펜서가 주장한 이론입니다. 군사력을 바탕으로 식민지를 넓혀 나가던 유럽 열강은 이런 논리에 매력을 느꼈을 겁니다. 다윈의 발견을 자기들에 유리하게 해석하고 싶었겠죠.

자연을 지배하는 공생 관계

다윈의 진화론을 다르게 받아들인 학자도 있었습니다. 바로 러시아의 젊은 지리학자 표트르 크로포트킨이 그랬어요. 시베리아의 자연을 관찰하고 인류 역사를 살펴본 결과, 다른 결론에 다다라요. 그는 "만물은 서로 돕는다. 강한 자가 약한 자를 일방적으로 잡아먹거나 서식지를 빼앗으며 괴롭히지 않는다"고 확신했습니다. "모든 생명은 경쟁을 피하려 노력한다.

생태계를 지배하는 생물은 없다"고 주장합니다. 진화론에 슬며시 끼어든 제국주의적 해석을 거부한 것이죠.

자연 다큐멘터리를 한번 떠올려 볼까요? 유럽 북부와 시베리아에 이르는 추운 지역인 툰드라 지대에 사는 늑대는 순록을 잡아먹어요. 이 장면이 방송 카메라에 잡힙니다. 순록은 필사적으로 늑대를 피해 도망가요. 아슬아슬하게 쫓고 쫓기는 장면은 분명히 현실이지만 여기에는 빠진 부분이 있습니다. 방송은 핵심을 보여 주지 않았어요. 늑대는 결코 한 번에 순록 사냥에 성공하지 못합니다. 오히려 실패 확률이 높아요. 순록은 다가오는 늑대를 본체만체해요. 잽싸게 달아나면 안전하다는 걸 경험으로 알기 때문이에요. 방송은 사냥에 실패하는 모습을 일일이 보여 주지 않습니다. 그랬다가는 시청자들이 금세 흥미를 잃을 테니까요.

툰드라 지역의 생태계는 자연을 '약육강식'으로 설명하기 어렵다는 사실을 보여 줍니다. 생각해 보면 쉽게 이해할 수 있어요. 만약 늑대가 수시로 순록을 잡아먹는다면 순록은 모조리 사라져야 맞겠죠. 실상은 어떤가요? 순록이 월등히 많습니다. 정작 순록을 사라지게 할 만큼 힘 있는 생물은 쥐입니다. 쥐가 많아지면 산비탈에 자라는 이끼를 파헤치게 되고 그러면 이걸 먹고 사는 순록의 개체 수는 급격히 줄어듭니다. 그런데

미래 세대를 위한 녹색 특강

늑대는 이런 쥐를 잡아먹어요. 그러니까 늑대가 순록을 도와주는 셈이에요. 이렇게 보면 늑대와 순록은 먹고 먹히는 약육강식보다는 '공생 관계'에 가깝습니다.

　다른 예를 살펴볼까요? 애벌레는 나무 잎사귀를 갉아 먹고 삽니다. 그렇다면 나무는 애벌레에게 먹잇감에 불과한 걸까요? 그렇지 않습니다. 오히려 애벌레 덕에 자손을 많이 퍼뜨릴 수 있으니 이득이에요. 애벌레는 새들의 먹이가 됩니다. 잡식성인 새는 그 옆에 달린 나무 열매도 먹습니다. 그러고는 여기저기 날아다니면서 숲 곳곳에 배설물을 남겨요. 애벌레에게 잎사귀를 제공한 나무의 씨앗은 그렇게 땅에 떨어져 배설물을 양분 삼아 싹을 틔웁니다. 애벌레가 새를 끌어들임으로써 결과적으로 그 나무에 도움을 준 거예요. 이렇듯 수많은 동식물이 생태계 안에 우열 없이 어우러집니다. 이러한 생태계의 그물망이 건강하게 유지될 때 그 안에 사는 사람도 건강합니다. 그것이 바로 '자연스러움', 즉 자연의 본질이에요.

　하지만 우리는 이런 사실을 자주 잊습니다. 인간을 가장 진화한 생물, 즉 '만물의 영장'으로 생각하기 때문일까요? 많은 사람이 진화를 '발전'으로 오해해요. 예를 들어 기린의 목을 보겠습니다. 우리는 높은 곳에 달린 나뭇잎을 따 먹는 데 유리한 기린 종이 자연의 선택을 받아 살아남아 지금에 이르렀다는 사실을 알고 있습니다.

그런데 이러한 진화가 진정 더 나아지는 방향으로 나아간 걸까요? 긴 목은 결코 생존에 유리하지 않습니다. 목이 길면 외려 불리해요. 동작이 굼떠서 천적이 다가올 때 재빨리 달아날 수 없으니까요. 그러니까 지금의 모습이 '발전'된 모습은 아니라는 거예요. 기린의 진화는 의도적으로 이루어졌다기보다 '우연히 그렇게 된 것'에 더 가깝습니다.

목이 길어지기 전, 기린의 조상은 어떻게 살았을지 상상해 보겠습니다. 목이 길지 않은 기린의 조상은 굳이 높은 곳의 잎사귀를 따 먹을 필요가 없었을 겁니다. 다른 초식 동물과 마찬가지로 낮은 높이의 나뭇잎을 먹고 살았을 거예요. 그런데 왜 갈수록 높은 나뭇가지의 나뭇잎을 선호했던 걸까요?

기린의 조상은 행동이 느리고 성격이 느긋했는지 모릅니다. 그래서 많은 동물이 나뭇잎을 차지하려고 아귀다툼할 때 슬그머니 피하거나 행동이 느려 근처에 가지도 못했을지 몰라요. 하는 수 없이 높은 곳에 남은 나뭇잎이라도 먹어야 했을 테니 이럴 때는 목이 조금이라도 긴 녀석이 유리했겠죠. 목 짧은 개체보다 많이 먹을 수 있으니까요. 그 결과 살아남은 무리는 대체로 목이 길었을 가능성이 커요. 그리고 그런 암수가 서로 만날 확률이 높았겠죠. 당연히 자손들도 부모를 닮아 긴 목을 갖

어미 기린과 새끼 기린의 모습.

고 태어났어요. 그런 일이 오랜 세월 이어지면서 지금의 목이 긴 기린으로 진화되었을 거로 추측할 수 있습니다. 다른 방법 도 있었을 겁니다. 오히려 덩치를 줄여서 더 빨리 먼 곳까지 움 직이도록 진화할 수도 있었어요. 일찌감치 방향을 정하고 진 화가 진행된 것이 아니라는 뜻입니다.

기린은 주어진 환경의 빈자리, 즉 높은 가지에 매달린 잎사귀를 찾아냈고 거기에 적응했습니다. 다양한 진화의 가능성이 있었겠지만 '우연히' 목이 길어지는 길에 들어섰고 그 결과 우리가 아는 기린으로 진화했어요. 오늘날 학자들은 진화를 방향이 정해진 듯, 목적론적으로 설명하지 않죠. 우연한 사건으로 해석합니다.

지렁이는 행복하다

새 중에서도 참새 무리가 유난히 많아요. 참새는 참새목 참새과에 속하는 조류입니다. 조류 중 60퍼센트 이상이 참새목에 속해요. 과학자들은 참새가 이토록 다양해진 원인도 우연으로 해석합니다. 하나의 먹이를 두고 치열하게 경쟁하면서 힘들게 살기보다 먹이를 달리하여 함께 사는 방향으로 진화했다고 보고 있어요. 민물고기류의 60퍼센트를 차지하는 잉어목도 마찬가지입니다. 사람도 그렇습니다. 수많은 조상 중에 오로지 '호모 사피엔스'라 칭하는 현생 인류가 선택된 이유도 거기에 있을 겁니다. 그러니 진화에 서열이 있을까요? 아니에요. 없지요. 자신이 처한 환경에 최선으로 적응한 개체와 종 모

미래 세대를 위한 녹색 특강

두가 가장 진화한 상태라고 보아야 합니다. 우리 생태계에서 무엇 하나 열등하고 우월하다고 말할 수 없는 이유입니다. 그저 모두 '다르게' 살아가고 있을 뿐이에요.

사람은 지렁이가 좋아하는 환경에서 살 수 없어요. 그건 지렁이도 마찬가지잖아요. 각자 처한 환경에서 가장 진화한 상태로 사는 겁니다. 지렁이가 사람보다 하등이라고 주장할 수 없다는 뜻이에요. 지능이 높으니까 사람이 가장 진화한 존재라는 생각은 인간 중심의 일방적인 생각일 뿐입니다. 축축한 땅속에 적응해 살아가는 지렁이는 햇볕이 강하고 천적이 수두룩한 땅 위로 굳이 올라올 까닭이 없어요. 외부의 위험을 탐색하고 미래를 예측하기 위해 지능이 높아져야 할 필요가 없는 거죠. 그러니 지렁이가 사람을 부러워할 리 없습니다. 지렁이는 지금이 가장 행복해요.

숱한 생물 종은 생태계를 공유하는 모든 생물과 어우러지면서 서로 돕습니다. 생태계가 건강할수록 더욱 그래요. 안정된 상태에서는 진화가 새롭게 시작되지 않습니다. 진화는 환경의 변화에서 시작합니다. 기온 변화나 천재지변으로 환경이 서서히 또는 급작스레 바뀌었을 때 생물들은 거기에 적응하기 위해 애쓸 수밖에 없어요. 그 과정에서 진화가 발생합니다.

그렇다면 오늘날의 환경 변화는 예전에 비해 어떨까요? 안정적인가요? 서서히 바뀌는 중인가요? 아니면 급작스러운가요? 인간이 초래한 기후 위기는 전에 없던 기상 이변을 낳았습니다. 관측 이래 최대의 폭염, 혹한, 가뭄, 홍수, 태풍을 거듭 불러들입니다. 빙하가 녹으며 바다 수면이 올라가고 저지대가 물에 잠깁니다. 안정된 환경에 익숙한 개체는 좀처럼 적응하기 어려운 상황으로 변하고 있는 게 분명해요. 이러한 급격한 변화에 적응하여 살아남을 개체는 얼마나 될까요? 많지 않을 겁니다.

다시 강조하지만, 공존하는 생물 종이 다양할수록 생태계는 안정됩니다. '생물 다양성'이 중요해요. 어떤 생물 종 안에 다양한 유전자 정보가 있을수록 환경 변화에 적응할 가능성이 큽니다. 일례로 강력한 살충제를 뿌린다고 해서 메뚜기가 전멸하지는 않습니다. 일시적으로 그래 보이지만 하나둘 다시 나타나요. 수많은 메뚜기 중에 해당 살충제를 이겨 낼 유전자를 가진 개체가 있기 때문입니다. 생물학자는 이처럼 생물의 생존 능력에서 '유전적 다양성'이 차지하는 비중이 크다고 말합니다. 우리가 사는 사회도 비슷해요. 다양한 의견이 존중되고, 서로 동등하게 의논하면서 결정하는 사회는 건강합니다. 양보하고 타협하는 사회에 갈등과 다툼은 끼어들지 못합니다.

19세기 제국주의 시절 헉슬리와 스펜서가 주장한 약육강식과 적자생존은 환경에 최적으로 적응한 개체만이 살아갈 자격이 있다는 의미로 생태계를 해석했어요. "강한 자만이 살아남는다"는 생각이었지요. 이런 논리는 지금도 강력한 힘을 발휘하고 있어요. 그러나 무력이 지배하던 제국주의 시대는 지나갔어요. 다양한 의견과 주장이 존중되는 민주주의 사회가 도래하면서 제국주의 사상은 설 자리를 잃었습니다. 하지만 언젠가부터 돈이 그 자리를 대신하기 시작했습니다. 제국주의 뒤를 이어 자본주의가 전 세계로 퍼졌기 때문이에요. 남보다 더 많은 돈을 빠르게 벌어들이는 것이 최고의 가치인 자본주의 세상에서 경쟁과 효율성이 새로운 기준이 되었습니다. 경쟁에서 승리하려는 목표가 우선이 되고, 속도가 지배하는 세상에서 다양성은 무시됩니다. 약육강식과 적자생존이 새로운 형태로 부활한 거예요.

차이와 다름이 유지하는 생태계

다양한 생물 종이 서로 돕는 생태계는 우리 인간 사회가 지향해야 할 모습이기도 합니다. 우리는 성별과 나이, 정치와 종교를 차별하지 않는 사회, 나아가 문화, 인종, 학력을 구별하지 않고 다양한 문화와 개성을 존중하는 사회를 추구합니다. 바로 '생태 사회'입니다. 생태 사회는 남을 짓밟고 올라서려는 힘의 논리와 거리가 멀죠. 경쟁적 돈벌이가 전부라고 여기는 사회는 불행합니다. 배려와 다양성보다 일사불란한 효율성을 강조하기 때문이에요. 다양성을 잃은 생태계에서 살아가는 생물은 어려움을 겪을 수밖에 없습니다. 사람도 마찬가지예요. 자본주의가 요구하는 생각과 행동만을 강요하는 사회는 인간의 삶을 황폐하게 만들어요. 인간 사회는 여러모로 지구 생태계와 비슷합니다.

산업 분야도 그래요. 자동차 산업은 대기업이 지배하지만, 중소기업이 뒷받침하지 못하면 무너질 수 있어요. 다양한 직업이 차별 없이 공존하며 일을 나누는 사회는 안정적입니다. 반대로, 그렇지 못한 사회는 매우 불안정해요. 그래서 그런가요? '산업 생태계', '정치 생태계' 같은 말이 자주 들리네요. 그만큼 상호 공존하는 안정된 시스템이 중요하다는 뜻이겠지요.

생태계의 '순환'은 인간 사회의 '배려'에 대응하고 생태계의 '다양성'은 '개성'에 대응한다고 말할 수 있겠습니다. 수많은 생물 종이 어우러져 순환하며 살아가는 생태계처럼 우리 사회도 건강했으면 좋겠습니다. 하지만 현실은 그렇지 못해요. 인

미래 세대를 위한 녹색 특강

간 사회는 물론 자연 생태계조차 망가져 가고 있습니다.

기후 위기가 심각해지는 오늘날 생태 운동이나 녹색 운동에 관심을 두는 사람들이 늘고 있습니다. 생태 운동은 자연 생태계를 보호하고 생물 다양성 회복을 돕고자 합니다. 녹색 운동도 마찬가지예요. 도시화로 인한 환경 파괴를 막고 자연의 생명력을 보존하는 데 힘을 기울입니다. 표현이 어떻든, 지나친 경쟁과 개발로 파괴되는 다양성의 가치를 지켜 미래 세대의 생존을 지키려 하는 마음은 하나입니다.

이 책은 미래 세대가 반드시 누려야 할 다양성의 가치를 이야기하고자 합니다. 생태계 파괴의 위험 신호를 살펴보면서 원인을 파악하고 근원적 대안을 찾아보려고 할 겁니다. '위기'에는 기회가 숨어 있습니다. 현실이 아무리 어려워도 우리에게는 선택의 여지는 있습니다. 현재의 위기를 벗어나려면 상생과 순환이라는 생태적 가치를 되찾아야 해요. 청소년이 행복한 녹색 미래도 그 안에 있기 때문이에요. 생태계의 다양성이 보전될 때 지구는 인간에게 밝은 내일을 보여 줄 것이니까요.

지구를 살리는 일은 우리 인간을 건강하고 행복하게 합니다. 오늘날 인류는 고독합니다. 사람들끼리 서로 존중하고 배려하며 살지 못해요. 인간이 아닌 다른 생명과의 관계도 좋지 못합니다. 생물 다양성이 파괴되면서 지금 이 순간도 수많은 생물이 멸종해 가고 있어요. 배려와 공존의 가치가 사라진 지금 지구 생태계는 위기에 휩싸였습니다. 파국으로 치닫는 기후 변화는 강력한 경고입니다. 지금 같은 삶에서는 대안을 찾을 수 없다는 신호예요. 다양성을 존중하면서 서로 어우러지며 순환하는 생태계, 개성을 배려하는 사회에서 대안을 찾아야 합니다.

"당신 주장에 동의하지 않지만, 당신이 그렇게 말할 권리를 지켜 주기 위해서라면 내 목숨을 기꺼이 내놓겠다."

영국 작가 이블린 홀이 1906년에 쓴 책 『볼테르의 친구들』에 나오는 말입니다. 나와 다른 생각조차 배려할 줄 아는 마음가짐이야말로 오늘날 우리 사회에서 꼭 필요한 덕목이라고 생각해요.

2

인류세의
등장

호흡기에 나쁜 미세 먼지가 극성입니다. 미세 먼지보다 더 작은 초미세 먼지는 머리카락 지름의 20분의 1 이하인데, 허파꽈리를 통과해 뇌에 침투한다면 염증을 일으킬 수도 있습니다. 먼지로 인한 공해 문제는 어제오늘의 일이 아닙니다. 1980년대만 해도 인천에 사는 제가 서울만 다녀오면 먼지 때문에 목이 칼칼했어요. 그러다가 서울 변두리에 많던 크고 작은 공장이 인천의 공업 단지로 옮기면서 상황이 완전히 바뀌었죠. 이번에는 반대로 인천으로 통학하는 학생들이 불만을

표시하기 시작하더군요. 그래도 그때 먼지는 지금처럼 작지 않아서 코와 기관지에서 잘 걸러낼 수 있었어요. 한데, 요즘 미세 먼지나 초미세 먼지는 꼭 마스크를 써야 안전하다고 해요.

인간이 만들어 낸 재앙

먼지로 인한 고생은 인간만의 것이 아닙니다. 다른 생물도 사정은 마찬가지예요. 멀리 지구 생성 시기로 거슬러 올라가 볼까요? 당시 지구는 지진과 화산 폭발로 요란했고 대기에 먼지가 가득했다고 합니다. 시간이 흘러 먼지가 내려앉으면서 바다에서 탄생한 생물이 비로소 육지로 올라올 수 있었어요. 요즘에 다시 먼지가 많아지면서 생명체가 위협받고 있어요. 진화를 거듭해서 겨우 땅 위에 올라온 생물들이 후회할 만합니다.

요즘의 먼지는 대부분 인류가 만들어 냅니다. 자연적인 화재도 먼지를 만드는데, 얼마 전까지 크고 작은 산불은 자연스러운 현상이었습니다. 외려 산불로 생태계가 새로이 순환되곤 했죠. 그만큼 자연은 회복 능력이 강했습니다. 그런데 지금은 사정이 달라졌어요. 산불 규모가 커지면서 자연적인 회복

미래 세대를 위한 녹색 특강

이 어려워졌어요. 여기에는 온실가스로 인한 지구 온난화가 한몫하고 있습니다. 지구가 더워지면서 가뭄이 심각해지고 숲이 건조해지면서, 자주 산불이 나고 확산 속도도 빨라졌습니다. 사람들은 이제 이러한 산불이 기후 변화의 결과라는 걸 알게 되었어요. 따지면 무분별한 화석 연료 소비로 온실가스를 발생시킨 우리 인간의 책임입니다.

2019년 9월 시작해 무려 6개월 동안 계속된 호주 남동부 일대 화재는 한반도 면적과 비슷한 크기의 숲을 태웠습니다. 다

©New Matilda

2019년 호주에서 발생한 대형 산불.

행히 주민들은 긴급히 대피해 피해를 최소화했지만, 다른 생명들은 그러지 못했어요. 캥거루와 코알라를 비롯해 10억 마리 이상의 동물이 목숨을 잃어야 했습니다. 기후 변화와 더불어 인위적으로 기름기 많은 유칼립투스 나무를 잔뜩 심은 것을 대형 산불의 원인으로 지목한 학자도 있습니다.

2021년 6월에 발생한 시베리아의 대형 산불은 무려 남한 면적 4분의 1에 달하는 숲을 태워 버렸습니다. 이 역시 지구 온난화로 숲이 건조해지면서 발생한 참사였습니다. 2020년에는 아마존 판타나우 습지에서 발생한 대형 산불로 약 1700만 마리의 동물이 죽었습니다. 관계 당국은 벌채 및 농장 확대를 위한 방화 때문인 것으로 의심하고 있습니다. 직간접적으로 우리 인간이 원인을 제공하고 있는 거예요. 대형 산불은 엄청난 양의 탄소를 대기 중으로 내뿜습니다. 지구 온난화가 악순환을 거듭하게 되는 것이죠.

지금은 인류세

강원도 양양에서 백두대간을 지나 동해안 간성에 이르는 지역은 낙엽이 쌓이는 겨울부터 봄까지 건조한 바람이 불어 산

미래 세대를 위한 녹색 특강

불이 잦다고 합니다. '양간지풍'이라고 하는데요, 최근에도 이로 인한 산불이 있었는데 거의 재앙에 가까웠습니다. 이 지역은 일제가 수탈하기 전까지 활엽수림이 울창했습니다. 그러다가 나중에 인위적으로 침엽수림을 조성하면서 산불이 더 자주 발생하게 되었다고 해요. 소나무를 비롯한 침엽수는 척박한 땅에서도 잘 자라고 성장 속도도 빠릅니다. 하지만 화재에는 취약해요. 송진 같은 가연성 물질도 화재를 부추기는 원인이 된다고 합니다. 결국 강원도의 산불도 인재인 셈입니다.

오늘날 지구 환경은 인간에 의해 좌우된다고 해도 과언이 아닙니다. 과학자들도 이를 잘 알고 있어요. 그래서 현재의 지질학적인 시대 구분을 '인류세(Anthropocene)'로 호명해야 한다는 의견이 2000년대 초부터 나왔어요. 현재의 지질 시대는 홀로세(Holocene)로 약 1만 1700년 전부터 시작합니다. 마지막 빙하기가 끝난 무렵이고 날씨가 온화해 농사에 적합했기에 인류는 문명을 꽃피울 수 있었습니다. 그런데 이제는 상황이 바뀌었다고 해요. 인간이 지구의 기후를 바꾸어 놓았기 때문이에요.

인간은 물줄기와 육지의 안정성을 해치는 초대형 댐과 해안 매립 등 대형 토목 공사는 물론 생태계 순환을 방해하는 온갖 화학 물질을 발명해 냅니다. 이는 생물의 멸종을 부추기고 지

일본 나가사키에 투하된 핵폭탄 폭발 장면(1945년 8월 9일).

구 온도를 급상승시키는 결과를 낳아요. 국제적으로 지질 시대 표를 관장하는 '국제 층서 위원회'는 '인류세'를 공식화하고 그 출발점을 20세기 중반으로 정하기로 잠정 결정했다고 합니다. 이 부분은 아직 논의 중인데 핵폭탄이 터진 1945년에서 5년이 지난 1950년을 기점으로 하자는 학자가 많아요. 이는 그전에 없던 플라스틱과 화학 물질이 나타나고 무엇보다

미래 세대를 위한 녹색 특강

철수와영희 출판사가 권하는
생각의 근육을 키우는 인문·사회·생태·과학 도서

어린이의 눈으로 안전을 묻다
재난의 시대에 세상을 향한 물음
배성호, 김신범, 박수미, 정석, 현재순, 임상혁 글
216쪽 | 15,000원

원시별
한국전쟁의 빛을 찾아서
손석춘 글 | 412쪽 | 17,000원

우주철학서설
어둠의 인식론과 사회철학
손석춘 글 | 356쪽 | 20,000원

고통과기억의 연대는 가능한가?
국민, 국가, 고향, 죽음, 희망, 예술에 대한
서경식의 이야기
서경식 글 | 312쪽 | 14,000원

어느 돌멩이의 외침
노동자문학의 가장 빼어난 고전적 작품
유동우 글 | 312쪽 | 15,000원

평화학
평화적 공존을 위한 이론과 실행
정주진 글 | 300쪽 | 20,000원

청소년

청소년출판 공동기획 〈너는 나다-십대〉 시리즈
인권으로 살펴본 기후 위기 이야기
최우리, 조천호, 한재각, 김해동,
지현영, 김현우 글 | 208쪽 | 15,000원

미래 세대를 위한 상상력 01
미래 세대를 위한
키워드 기후 위기 이야기
이상수 글 | 180쪽 | 15,000원

미래 세대를 위한 상상력 02
미래 세대를 위한 **우리 새 이야기**
김성현 글·사진 | 188쪽 | 18,000원

철수와영희
철수와영희 출판사는 우리 사회의 철수와 영희에게
도움 되는 책을 펴내기 위해 노력합니다.
전화: 02-332-0815, 팩스: 02-6003-1958, 이메일: chulsu815@hanmail.net
도서목록 발행일: 2023년 8월 30일

최종규가 들려주는 우리말 이야기

숲에서 살려낸 우리말

최종규 글
강우근 그림
숲노래 기획
216쪽 | 값 15,000원

세종도서 문학나눔
선정도서

마을에서 살려낸 우리말

최종규 글
강우근 그림
숲노래 기획
204쪽 | 값 13,000원

세종도서 문학나눔
선정도서

10대와 통하는 우리말 바로쓰기

최종규 글
호연 그림
272쪽 | 13,000원

아침독서 추천도서

10대와 통하는 새롭게 살려낸 우리말

최종규 글
강우근 그림
284쪽 | 14,000원

아침독서 추천도서

쉬운 말이 평화

최종규 글
248쪽 | 14,000원

학교도서관사서협의회
추천도서

---

1 글을 분명하게 쓰고 싶다면   **2** 글을 간결하게 쓰고 싶다면   **3** 글을 슬기롭게 쓰고 싶다면

새로 쓰는 비슷한말 꾸러미 사전

비슷한말, 1100가지를 꾸러미로
엮어 새로 쓴 한국말사전

최종규 글 | 496쪽 | 25,000원

서울서점인이 뽑은 올해의 책
아침독서 추천도서

새로 쓰는 겹말 꾸러미 사전

잘못 쓰는 겹말, 1004가지를
돌림 풀이 없이 새로 쓴 한국말사전

최종규 글 | 764쪽 | 33,000원

아침독서 추천도서
학교도서관사서협의회 추천도서

새로 쓰는 우리말 꾸러미 사전

새로 가다듬은 804 낱말과
새로 엮은 1200 낱말 뜻풀이가
담긴 우리말 배움 사전

최종규 글 | 328쪽 | 20,000원

학교도서관사서협의회 추천도서

10대를 위한 책도둑 시리즈로 배우는
평화와 인권의 징검다리

41

10대와 통하는
세계사 이야기
역사를 아는 만큼
미래가 보인다

손석춘 글
300쪽 | 16,000원
학교도서관사서협의회
추천도서

42

10대와 통하는
건축과 인권 이야기
건축으로 살펴본
프라이버시권, 거주권,
생활권, 도시권

서윤영 글
208쪽 | 14,000원
아침독서 추천도서

43

10대와 통하는
야외 생물학자 이야기
열 가지 분야로 살펴본
야외 생물학자 도감

김성현 외 9인 글
264쪽 | 18,000원

44

10대와 통하는
영화 이야기
상상이 현실이 되는
교과서 밖 영화 세상

이지현 글
244쪽 | 15,000원
한국출판문화진흥재단
올해의 청소년 교양도서

> 10대를 위한 책도둑 시리즈는 계속 출간됩니다

26
선생님, 쓰레기는 왜 생기나요?

나부터 실천하는
'제로웨이스트'

최원형 글 | 홍윤표 그림
140쪽 | 13,000원

학교도서관저널 추천도서

27
선생님, 탄소 중립을 이루려면 어떻게 해야 해요?

지구와 기후 위기와 나

최원형 글
백두리, 장고딕 그림
112쪽 | 13,000원

한국출판문화진흥재단
올해의 교양도서

28
선생님, 친일파가 뭐예요?

우리가 꼭 알아야 할
친일파 이야기

김삼웅 글 | 방승조 그림
112쪽 | 13,000원

29
선생님, 노동을 즐겁게 하려면 어떻게 해야 해요?

모두가 존중받으며
즐겁게 일하는 세상

이승윤 글 | 소경섭 그림
128쪽 | 13,000원

어린이 책도둑 시리즈는 계속 출간됩니다.

파브르에게 배우는
식물 이야기

어린이 눈높이에 맞추어
다시 쓴 파브르 식물기

노정임 글 | 안경자 그림
이정모 감수·추천 | 156쪽 | 18,000원

미래창조과학부 우수과학도서
어린이도서연구회 추천도서

조영권이 들려주는
참 쉬운 곤충 이야기

220여 컷의 사진으로 배우는
곤충의 생태

조영권 글·사진 | 160쪽 | 18,000원

세종도서 교양부문 선정도서
학교도서관저널 추천도서

김성현이 들려주는
참 쉬운 새 이야기

300여 컷의 사진으로 배우는
새들의 생태

김성현 글·사진 | 156쪽 | 18,000원

과학기술정보통신부인증 우수과학도서
어린이도서연구회 추천도서

동물과 식물 이름에
이런 뜻이?!

어원과 생태를 함께 보는
동식물 이야기

이주희, 노정임 글 | 안경자 그림
200쪽 | 값 13,000원

아침독서 추천도서
학교도서관사서협의회
　　추천도서

야생 동물은
왜 사라졌을까?

우리나라 멸종 동물
22종 이야기

이주희 글 | 강병호 그림
164쪽 | 값 13,000원

환경부 우수환경도서
어린이도서연구회
　　추천도서

선인장은 어떻게
식물원에 왔을까?

도시공원에서 만나는
생태 이야기

정병길 글 | 안경자 그림
172쪽 | 값 13,000원

과학기술정보통신부인증
　　우수과학도서
학교도서관사서협의회
　　추천도서

도시에서 만난
야생 동물 이야기

열두 동물로 살펴보는
도시 생태 이야기

정병길 글 | 안경자 그림
152쪽 | 값 13,000원

세종도서 교양부문 선정도서
아침독서 추천도서

방사성 물질이 지층에 축적된 시점입니다. 1945년 일본의 히로시마와 나가사키에 핵폭탄이 떨어진 뒤에도 핵실험이 연거푸 실행되었죠. 이러한 특징이 지구의 지층에 고스란히 남은 거예요.

과거 지질 시대를 거치면서 지구에는 수많은 생명이 명멸했습니다. 그중 쥐라기에서 백악기 사이 대략 2억 년 동안 번성하던 공룡과 양치식물은 6500만 년 전, 한순간에 사라졌습니다. 이른바 '대멸종'이에요. 전 지질 시대에 걸쳐 이와 같은 대멸종은 모두 다섯 차례나 있었습니다. 학자들은 이로 인해 지구상에 존재하던 생물 종의 약 75퍼센트 이상이 사라졌다고 해요. 원인은 한결같이 자연 현상이었어요. 공룡 멸종의 경우는 운석이었습니다. 지름 10킬로미터가 넘는 운석이 떨어지면서 그 충격으로 엄청난 지진과 화재가 일어났어요. 수천 종이 번성하던 공룡은 이와 같은 자연재해로 2억 년의 역사를 마감합니다.

학자들은 지금 이 순간도 멸종은 계속되고 있다고 해요. 하루에도 수십 종의 생물이 사라지고 있으며 이런 추세라면 향후 1만 년 내에 인간을 포함한 모든 생명이 멸종할지도 모른다고 경고합니다. 그런데 이번에는 그 원인이 달라요. 자연이 아니라 바로 우리 인간입니다. 인류는 지구 역사에 등장하고 번성을 누리면서 다른 생물의 멸종을 부추겨 왔습니다. 오늘날은 각종 오염 물질 배출과 단일 종 재배, 대량 사육 등으로 생태계 파괴를 일삼고 있어요.

기껏 100만 년 전, 존재를 드러낸 인간은 제 꾀에 넘어갑니다. 경작과 가축화로 다른 생물의 생존을 억압한 지 1만 년 만에 다른 생물 종의 멸종을 재촉하면서 자신의 생존 기반까지 허물었으니까요.

2019년 발생한 코로나19는 왜 삽시간에 세계로 펴졌을까요? 사스는 사향고양이가, 메르스는 낙타가 매개한 것처럼 코로나19는 박쥐가 매개했다는 게 사실일까요? 박쥐를 음식으로 먹은 게 어제오늘이 아닌데 왜 하필 그때 문제를 일으킨 걸까요? 사람들이 갑자기 박쥐를 먹기 시작해서는 아닐 겁니다. 다만, 박쥐와 사람의 접촉이 늘어난 것만은 확실합니다. 생태계를 허무는 아스팔트와 시멘트 포장도로를 주목할 필요가 있습니다. 이런 인위적인 시설들이 박쥐가 숨어 사는 생태계까지 파고들었으니까요.

영국의 일간지 〈가디언〉은 '시멘트'를 주제로 심층 기사를 실은 적이 있습니다. 취재를 해 보니 시멘트 제조 과정에서 많은 양의 온실가스가 발생합니다. 시멘트는 주요 건설 자재입니다. 세계의 도시에 고층 빌딩을 짓느라 얼마나 많은 온실가

미래 세대를 위한 녹색 특강

스를 배출했을까요?

〈가디언〉은 최근 중국이 만든 시멘트량에 주목합니다. 그동안 미국이 100년 동안 쓴 시멘트량을 중국이 3년 만에 사용했다고 보도했어요. 중국이 1년 동안 생산한 시멘트를 영국에 붓는다면 전국이 베란다처럼 편평해질 거라는 말도 덧붙입니다. 상상이 가나요? 1000만 이상 인구가 거주하는 대도시가 즐비한 중국에는 초고층 빌딩과 도로와 자동차가 넘쳐납니다. 다른 나라도 사정은 비슷해요.

인류는 코로나19 같은 바이러스를 박멸할 수 있을까요? 전문가들은 과학이 발달한다고 해도 사라지지 않을 거로 예측합니다. 오히려 더 치명적인 변종 바이러스가 여기저기에서 창궐할 가능성이 크다고 해요. 바이러스로 인한 전염병은 인류에게 커다란 두려움을 안겨 주었어요. 1918년 당시 '스페인 독감'으로 불리며 세계 인구의 2퍼센트 이상 사망하게 한 인플루엔자 바이러스가 대표적입니다. 이번에 발생한 코로나19도 수많은 사상자를 남겼어요. 문제는 생태계 파괴와 기상이변이 심각해지면서 더 무서운 전염병이 등장할 수 있다는 것입니다.

다양성 상실이 불러온 위기

우리나라에서 꿀벌 보기가 점점 힘들어진다고 합니다. 20여 년 전부터 미국과 유럽에서 비슷한 현상이 있었고, 이와 관련해 많은 연구가 이루어졌습니다. 조사해 보니 많은 벌꿀을 빨리 얻으려는 인간의 욕심이 화근이었어요. 효율적인 벌꿀 생산을 위해 특정 꿀벌만 키운 결과예요. 단일 종만 키우면 질병에 취약해집니다. 여러 종의 벌이 섞여 있으면 해당 질병에 강한 벌이 있게 마련이고 그러면 갑자기 모두 사라지는 일은 없거든요. 거기다 벌의 몸에 기생하는 응애를 퇴치하려고 살충제를 뿌리는 바람에 집단 폐사가 발생했다고 해요.

인기 과일인 바나나도 비슷한 일을 겪었습니다. 우리가 먹는 바나나는 '캐번디시' 품종으로 대형 바나나 농장에서 길러집니다. 그전에는 '그로 미셸'이라는 품종의 바나나를 길렀어요. 그런데 1960년대에 푸사리움이라는 곰팡이가 시드름병을 일으키면서 그로 미셸 품종 바나나가 멸종되다시피 합니다. 사람들은 해당 질병에 강한 캐번디시를 심게 되지요. 그러자 2018년경에는 푸사리움의 변종인 TR4(Tropical Race 4)가 번져요. 이제 사람들은 캐번디시도 멸종하는 것 아니냐 하는 걱정에 사로잡혀 있어요.

미래 세대를 위한 녹색 특강

그런 현상은 바나나뿐이 아니에요. 해마다 농약을 듬뿍 주어도 병충해에 시달리는 과수원의 과일이 그렇습니다. 농작물뿐만이 아닙니다. 잊을 만하면 발생하여 가축들의 살처분과 생매장을 일으키는 조류 인플루엔자와 구제역도 마찬가지입니다. 이들 사건에는 공통적으로 '단일 종' 사육과 재배라는 문제가 깔려 있습니다. 다양한 작물과 가축 대신 생산성이 가장 좋은 종만 키우다 보니 각종 질병과 병충해에 취약해진 거예요.

사람들은 그럴 때마다 새로운 약과 품종 개발로 위기를 극복하려고 합니다. 하지만 이것은 악순환을 부추기는 방식이에요. 기술만으로는 취약해진 생태계를 되살릴 수 없습니다. 유일한 해결책은 생물 다양성을 확보하는 거예요. 돈이 되는 작물이나 가축만 키울 것이 아니라 유전적 다양성을 회복시켜 건강한 곡식과 고기를 생산해야 합니다. 그리고 근본적으로는 대량 생산, 대량 소비 시스템을 바꾸어야 해요.

오늘날 사람들은 엄청난 양의 고기를 먹어 치웁니다. 지구의 모든 육상 척추동물의 무게를 따져 보았을 때 그중 인간이 30퍼센트, 가축이 67퍼센트를 차지한다고 해요. 사람보다 소나 돼지, 닭 같은 가축이 두 배나 많습니다. 대왕고래에서 생쥐까지, 자연 다큐멘터리 〈동물의 왕국〉 프로그램에 나오는 모든 포유류를 합해도 고작 3%밖에 안 돼요. 인간이 얼마나 많은 가축을 기르는지 실감이 나나요? 인간이 잡아먹기 위해 키우는 어마어마한 수의 가축은 특정 종에 집중되어 있어요. 고기가 부드럽고 빨리 자라는 것만 골라서 키우죠. 이러한 사육 방식은 당연히 생물 다양성을 해치고 생태계의 균형을 깨뜨립니다.

일반적으로 먹이가 되는 동물이 포식자에 비해 10배 정도로 많아야 생태계 균형이 유지된다고 합니다. 그런데도 우리가 키우는 가축인 소와 돼지, 그리고 닭은 비정상적으로 그 수가 늘었습니다. 피라미드 구조가 뒤집힌 거예요. 이러한 불균형을 떠받치고 있는 것은 바로 화석 연료입니다. 사육장 온도를 조절하고 고기를 식품으로 가공하고 이를 운송하는 데 엄청난 양의 석유가 들어갑니다.

그렇게 해서 만든 고기의 소비 역시 '인류세'의 특징 중 하나입니다. 학자들은 생태계 파괴와 이로 인한 기후 변화는 이제 돌이킬 수 없는 지경에 이르렀다고 보고 있어요. 다만 노력하기에 따라 파국을 연기할 수 있을 뿐이라고 해요. 인간은 자기 자신의 생존을 위해서라도 자연 앞에 겸손해야 합니다. 다섯 번째 멸종 이후 6500만 년이 흐른 지금 지구는 여섯 번째의 멸종 앞에 서 있습니다. 여기에는 당연히 인간도 포함돼요. 미래 세대의 생존을 위해서라도 소비를 절제하고 책임 있게 행동해야 해요. 방법은 이미 나와 있습니다. 화석 연료를 대체할 태양광 발전이나 내연 기관을 없앨 수소 자동차가 목표는 아니에요. 기술은 수단일 뿐입니다. 유전적 다양성을 잃은 농업의 대안을 생명 공학에서 찾을 수는 없어요. 지금과 같은 화석 에너지 기반의 대량 생산, 대량 소비 시스템에 대한 근본적인 변화가 있어야 합니다.

기후 위기는 생존의 문제

지구 평균 온도가 화석 연료를 본격적으로 사용하기 시작한 산업화 시대 이전보다 섭씨 3.4도 이상 상승하면 인류를 포함해 모든 생명체가 멸종을 면치 못한다고 기후학자들은 전망합니다. 인류는 지구의 생태계라는 요람에서 태어나고 자랐습니다. 그런데 이제 그 기반이 무너질 위기에 처했어요. 인류의 지나친 탐욕으로 회복이 가능한 지점을 이미 넘어서고 있어요. 돌이킬 수 없게 되기 전에 반드시 대안을 찾아야만 합니다.

우울한 전망대로 대멸종이 다시 찾아온다면 인류세 다음 지층에서 인류의 화석은 발견되지 않을 것입니다. 다른 생물도 자취를 감추겠지요. 1945년 언저리부터 지층은 물론이고 바다와 하늘까지 오염되었습니다. 누적된 환경 오염으로 생태계가 깨지면서 순환을 멈췄습니다. 사고도 연이어 발생했어요. 세계 최대 규모의 샨샤댐이 단층선을 깨뜨리면서 2008년 쓰촨성 대지진을 낳았다는 분석이 있었습니다. 일본 북동부 바다에서 발생한 지진은 철근 콘크리트로 반듯하게 다져 놓은 후쿠시마의 해안을 덮쳤습니다. 그다음은 여러분도 알다시피 대재앙으로 이어졌어요. 후쿠시마 핵 발전소 폭발로 방사능 물질이 쏟아져 나와 지구의 물과 공기를 오염시키고 있어요.

다시는 이러한 일이 없도록 해야 합니다. 화석 연료 사용을 절감하기 위해 전기 차로 내연 기관을 대체하자는 식의 해법으로는 부족합니다. 어차피 전기를 생산하는 데 그만큼의 화석 연료가 들어가기 때문이에요. 드넓은 갯벌을 메워 태양광 발전기를 건설하는 것도 근본적인 대안은 아닙니다. 지금의 편리를 포기하지 않고 지엽적인 변화만으로는 위기를 피할 수 없어요. 미래 세대가 조금이라도 건강하게 살아가길 원한다면, 전기가 없어도 행복한 삶을 찾아서 실현해야 합니다.

생태계는 인류 생존의 마지막 보루입니다. 더 이상 돈과 권력을 좇으며 자연을 희생시키는 삶의 방식을 고수해서는 안 돼요. 그래야 자연과 인간이 행복합니다. 여기에는 기성세대

미래 세대를 위한 녹색 특강

의 책임 있는 실천은 물론 미래 세대의 노력이 꼭 필요합니다. 청소년을 비롯한 젊은 세대는 상대적으로 기득권으로부터 자유로울 수 있어요. 화석 연료를 통해 일군 풍요를 비판적으로 바라볼 수 있습니다.

'성장'을 최고의 가치로 두고 질주하는 현실에 안주하지 않기를 바랍니다. 좋은 대학과 좋은 직장에 들어간다고 해도 우리 모두 재난 상황에 처한다면 무슨 의미가 있을까요.

비유하자면 지구라는 집에 큰불이 나기 직전 상황입니다. 근본적인 시각을 바꾸지 않는 한 '녹색 성장'이나 '지속 가능한 발전'은 신기루에 불과합니다. 우리가 기후 위기를 극복하려는 것은 친환경이 옳기 때문만은 아니에요. 바로 인류의 생존 때문입니다. 기성세대와 미래 세대가 함께 이 문제를 곰곰이 생각해야 할 때입니다.

3

갈 곳 잃은
자연의 생명들

봄꽃이 화려하게 피어나는 5월을 흔히 '계절의 여왕'이라고 합니다. 그 이름에 걸맞게 울긋불긋 강렬한 색의 꽃들이 정원과 산록을 아름답게 수놓습니다. 자연이 생명으로 충만해요. 5월은 다양한 동식물이 새 생명을 펼치는 아름다운 시기입니다.

봄, 화려한 생명의 계절

봄에 잎사귀와 꽃봉오리를 펼치는 나무는 봄이 오기 전부터 바빠져요. 그전에 준비를 해야 하니까요. 쌓인 눈이 녹기 시작할 때 일찌감치 피는 꽃이 있습니다. 바로 잔설 사이에서 노랗게 꽃잎을 펼치는 복수초와 하얀색 바람꽃입니다. 이 꽃들은 추운 날씨를 무릅쓰고 용감하게 피어나요. 복수초와 바람꽃이 꽃잎을 접으면 산록은 이내 봄기운에 젖어요. 다양한 풀잎과 꽃이 소박한 자태를 드러내며 꿀벌을 초대하고 어느새 동백나무가 남쪽부터 붉은 꽃잎을 펼칩니다.

동백꽃은 화려하지만, 수명이 짧아요. 꿀벌이 꽃가루를 옮겨 수정을 마치면 꽃송이가 일제히 뚝 떨어져요. 꽃봉오리가 수북이 땅에 쌓인 모습을 보면 공연히 숙연해집니다. 그러나 너무 서운해하지 마세요. 동백꽃이 진 자리를 매화가 잇습니다. 흰색 혹은 연분홍색 꽃잎이 고운 매화 옆을 지나다 보면 문득 돌아보게 됩니다. 싱그러운 향기를 전하니까요.

산수유와 생강나무도 이 시기에 꽃을 피웁니다. 가지마다 노란 꽃잎을 무수히 펼치면 개나리와 진달래꽃이 그 뒤를 잇지요. 목련도 빼놓을 수 없어요. 박목월 시인은 「4월의 노래」라는 시에서 "목련꽃 그늘 아래서 베르테르의 편지를 읽노라." 하는 문장을 남겼습니다. 5월에 들어서면 라일락이 핍니다. 하얗거나 혹은 연보라색 꽃이 달콤한 향을 퍼뜨리지요. 이밖에도 봄의 절정인 5월에는 일일이 헤아리기 어려울 만큼 많은 꽃이 고운 색과 자태를 뽐냅니다. 그중에 '꽃의 여왕'이라 불리는 장미를 빼놓을 수 없겠지요.

꿀벌을 위해 우리가 할 수 있는 일

봄은 꿀벌도 무척 바빠지는 계절이에요. 휴일에 근린공원이나 가까운 숲이나 산을 찾으면 부지런히 움직이는 꿀벌들을 볼 수 있습니다. 손을 휘젓거나 도망가지 않아도 돼요. 개중엔 사나운 녀석도 있겠지만 괜스레 꽃을 꺾으며 방해하지 않으면 괜찮을 거예요.

봄이 오면 사람들은 가벼운 옷차림으로 산과 들을 찾습니다. 그 안에서 자연의 아름다움과 생명력을 만끽해요. 그런데 요즘은 이런 아름다운 봄 풍경이 서서히 변해 가네요. 최근 환경 단체를 중심으로 식목일을 앞당기자는 주장이 제기되고 있어요. 왜 그럴까요? 바로 점점 더워지는 지구 때문입니다. 한국 전쟁 이후 우리나라는 정부 주도로 황폐해진 산림을 녹화

미래 세대를 위한 녹색 특강

하는 사업을 펼칩니다. 식목일이 되면 너도나도 가까운 곳을 찾아 나무를 심었어요.

식목일은 말 그대로 나무를 심는 날이기에 나무가 잘 자랄 때로 정합니다. 그래서 봄이 막 시작되는 4월 초로 잡았고요. 하지만 지금은 기후가 그때와는 크게 달라졌어요. 1960년만 해도 식목일 서울 평균 기온은 5.3도였어요. 그런데 62년이 지난 2022년 식목일 기온은 10.3도였습니다. 과학자들은 6.5도 정도를 나무 심기 좋은 온도라고 말합니다. 적정 기온을 크게 넘어선 거예요. 그러니 식목일을 좀 더 앞당겨서 나무를 심자는 겁니다.

한편 개화 시기로도 더워진 지구를 실감할 수 있는데요. 벚꽃이 갈수록 빨리 피고 양지바른 언덕의 개나리와 목련은 언제 피었는지도 모르게 금세 시들어요. 4월 중순에 서울 여의도를 비롯해 수도권의 공원을 흰색과 분홍으로 물들이던 벚꽃이 요사이 3월 말에 일제히 꽃봉오리를 터뜨려요. 5월의 향기를 자랑하는 라일락이 4월 초에 피고요. 모란과 작약도 5월을 기다리지 못하는 모습이 역력해요. 그러다 보니 벚꽃 축제, 개나리 축제 등 지역 행사들이 점점 앞당겨집니다.

식목일을 앞당기자는 주장은 '꿀벌 살리기'와도 관련이 있습니다. 우리나라 꿀벌들이 가장 많이 꿀을 얻는 수종인 아까

생태계의 파수꾼인 꿀벌.

시나무가 4~5월에 꽃을 피우기 때문입니다. 그전에는 꿀을 얻을 나무가 별로 없어 떼죽음을 맞기도 한다고 합니다. 그러니 미리 나무를 심어 꿀벌들에게 꿀을 제공하자는 취지예요. 잘 알려졌다시피 꿀벌은 생태계에서 매우 중요한 역할을 합니다. 꿀벌을 살리는 일이 곧 자연 생태계를 살리는 일인 거예요.

　꿀벌이 없으면 사람도 피해를 봅니다. 과수원이 그래요. 꿀벌이 제때 수분을 해 주어야 과일을 맺는데 개체 수가 줄다 보니 인위적으로 꿀벌을 데려와야 해요. 양봉업자의 벌통을 가

미래 세대를 위한 녹색 특강

져옵니다. 그만큼 요즘 꿀벌이 귀해요. 2022년 1월에는 우리나라에서 꿀벌 약 80억 마리가 떼죽음을 당한 사실이 확인되었어요. 일각에서 '꿀벌 집단 붕괴 현상'이라고 말할 정도로 심각했습니다. 이유가 뭘까요? 전문가들은 산림청이 소나무 재선충병을 막기 위해 전국적으로 살포한 살충제를 의심하고 있습니다.

이런 일은 20여 년 전 유럽과 미국에서 이미 발생했어요. 당시 사람들이 꿀벌의 몸에 기생하는 응애를 퇴치하려고 '네오니코티노이드'라는 살충제를 뿌렸기 때문입니다. 이 약 때문에 꿀벌들이 집단 폐사했어요. 우리나라 산림청에서 뿌린 약에도 같은 성분이 들어 있었습니다.

꿀벌은 1억 5000만 년 전에 지구에 등장합니다. 이 특별한 곤충은 세계 곳곳에서 꽃가루 수정을 하고 있어요. 유엔식량농업기구(FAO)에 따르면 인간의 식량을 담당하는 세계 100대 농작물 중 약 71종의 수분을 꿀벌이 담당한다고 해요.

그만큼 꿀벌의 생존이 우리의 식량 생산과 밀접한 관계가 있는 거예요. 최근 우리나라에서 벌어지고 있는 꿀벌 집단 폐사에 대한 대책이 시급한 이유예요. 해마다 봄이 오면 축제가 열립니다. 벚꽃 축제가 열리는 경남 진해와 서울 여의도 윤중로에 모여든 시민들은 흐드러진 꽃을 보며 행복한 표정을 짓습니다. 하지만 어딘가 모르게 허전해요. 꽃과 꽃 사이를 오가며 부지런히 움직이던 꿀벌들이 자취를 감추었기 때문이에요.

꿀벌이 사라진 생태계는 허약합니다. 지금이라도 꿀벌을 집단 폐사에 빠뜨리는 약물을 관리하고 이들을 보호할 대책을 마련해야 합니다. 식목일을 옮겨서라도 말이에요.

잃어버린 갯벌 풍경

서해안은 다정다감합니다. 해안은 완만하기 그지없어요. 육지 가까이 늘어선 크고 작은 섬 사이로 붉게 노을이 물드는 장면은 무척 아름답습니다.

서해안은 수심이 깊지 않습니다. 대신 '조수간만의 차'가 커요. 이는 밀물로 가장 수심이 높을 때와 썰물로 수심이 가장 낮을 때의 차이를 말합니다. 서해안은 보통 그 차이가 10미터를 넘습니다. 그만큼 밀물과 썰물이 드나드는 공간인 '조간대'가 넓어요. 조간대는 바다와 육지가 접하는 지점으로 서해안의 넓은 갯벌이 펼쳐진 지역이기도 합니다.

갯벌은 생태적으로 무척 중요해요. 태풍과 해일을 일정 부분 흡수하여 육지를 보호하는 역할을 합니다. 무엇보다도 갯

미래 세대를 위한 녹색 특강

벌은 수많은 생물이 살아가는 삶의 터전이에요. 우리나라 지형이 인구 대비 농사지을 땅이 부족한 편이지만, 그나마 많은 사람이 건강한 삶을 이어 올 수 있던 가장 큰 이유는 갯벌 때문입니다. 갯벌에는 갑각류와 조개류 등 먹을거리가 풍부합니다. 면적당 농토보다 10배가 넘는 영양분을 제공해 줘요. 서해안에는 1그램의 갯벌에 10억 마리 이상의 플랑크톤이 분포합니다. 덕분에 이를 먹고 사는 다양한 생물이 존재해요. 수많은 조개와 크고 작은 물고기들이 알을 낳으면서 살아요.

갯벌은 각종 오염 물질을 걸러 내는 역할도 합니다. 갯벌은 건조한 육지에 습기를 제공하고 대기에는 신선한 산소를 공급합니다. 식물성 플랑크톤이 이산화탄소를 산소로 바꾸어 줍니다. 실제로 지구의 산소는 대부분 바다에서 만들어집니다. 대기 중 산소의 75퍼센트가량을 공급해요.

우리나라에는 이처럼 생태계에서 중요한 역할을 하는 갯벌이 넓게 자리하고 있습니다. 그 면적이 한때 세계에서 다섯 번째로 넓었어요. 덕분에 한국인들은 건강할 수 있었어요. 그런데 요즘은 사정이 달라졌습니다. 수시로 갯벌이 매립되면서 드넓은 갯벌의 나라라는 영광은 어느새 과거의 일이 되었습니다.

서해안 매립은 최근에만 이루어진 것이 아닙니다. 과거 몽골 제국의 공격을 피해 강화로 이전한 고려 왕조는 매립으로 넓은 농토를 만들었다는 기록이 있습니다. 10만 명 넘는 백성이 그곳에서 곡식을 수확했다고 해요. 어부들이 농지를 만들려고 일부 갯벌을 흙으로 메우는 일도 많았지요. 하지만 이때의 매립은 모두 논밭을 만들어 농작물을 생산하기 위해서였습니다. 들쭉날쭉한 리아스식 해안을 소박하게 메워 농사를 짓는 광경은 이제 볼 수 없습니다.

오늘날 갯벌 매립은 막대한 자금이 드는 대규모 토목 공사예요. 국가와 대기업이 주도하여 광활한 갯벌을 육지로 만드는 사업을 진행합니다. 과거 복잡했던 해안선은 자로 그은 듯 일직선으로 변했어요. 이제 서해안에 리아스식 해안선은 얼마 남지 않았습니다.

대표적인 매립 공사를 살펴볼까요? 우선 인천공항, 남동공단, 송도 신도시, 시흥 신도시와 인근 공업 단지로 이어지는 굵직굵직한 개발이 매립한 갯벌에서 이루어졌습니다. 부작용도 컸지요. 군장 국가산업단지 조성과 새만금 사업으로 서해안 갯벌의 상당 부분이 훼손되었습니다. 충남 태안반도의 가로림만 일원과 순천만 일부가 보존되고 있지만 그 생명력은 예전 같지 않아요. 품었던 생물이 크게 줄었어요.

이러한 생태계 변화는 해당 지역에만 국한되지 않습니다. 생태계는 그물망과도 같다고 말씀드렸습니다. 한반도 갯벌의

©인천광역시

인천의 영종도 갯벌.

파괴는 다른 지역에 사는 생물들의 삶에 영향을 미칩니다. 아마도 지금 뉴질랜드 원주민인 마오리족은 우리 정부에 항의라고 하고 싶을 거예요. 이유는 도요새 때문입니다.

　시베리아와 뉴질랜드를 오가며 사는 도요새 무리는 중간 기착지인 서해안 갯벌에서 보름 정도 머뭅니다. 이때 착실하게 먹이를 챙겨야 건강하게 목적지까지 날아갈 수 있어요. 그런데 우리나라 갯벌이 매립되면서 도요새가 머물 곳이 없어진 거예요. 시베리아에서 날아왔다가 잠깐 쉬고 뉴질랜드로 가려던 도요새는 방향을 바꾸어 다른 지역으로 가 버립니다. 마오리족은 도요새 무리를 봐야 비로소 봄을 느낀다고 해요. 그런 도요새가 보이지 않으니 몹시 서운할 수밖에요.

피해를 보는 건 도요새 같은 나그네새뿐만이 아닙니다. 겨울 철새인 청둥오리도 갯벌이 사라져 버려 내릴 곳을 찾지 못합니다. 시베리아 부근에서 긴 시간 쉬지 않고 날아온 새들이 기진맥진한 상태에서 먹을거리를 찾다가 겨우 갯벌 한 곳을 찾습니다. 하지만 거기엔 이미 자리를 차지한 다른 철새들로 북적거려요.

갯벌 매립은 아름다운 풍경을 삭막한 도시처럼 바꾸어 놓았습니다. 혹시 여러분은 '풀등'이라는 말을 들어 본 적 있나요? 보통은 강 하구에 퇴적물이 쌓이면서 생기는 언덕 같은 지형을 말하는데요. 인천 앞바다에서도 이런 모래섬을 볼 수 있습니다. 바다 한가운데에서 작은 섬 같은 모래사장이 밀물 때면 숨었다가 썰물 때면 모습을 드러내요. 점이었던 풀등이 돌연히 선이 되었다가 다시 고래 등처럼 떠오르는 모습은 가슴 설레게 하는 장관입니다. 썰물 때면 뛰어가 한두 시간 안전하게 뒹굴 수도 있어요. 그런데 이러한 풀등도 점점 보기 힘들어졌습니다. 서해안 갯벌 매립 때문입니다.

미래 세대를 위한 녹색 특강

생물 다양성을 지키자

2020년 경기도 화성과 용인을 거쳐 평택까지 흐르는 오산천 인근에 천연기념물인 수달이 나타났습니다. 2011년 시작한 생태 하천 복원 사업 덕분입니다. 5급수이던 물이 2급수로 맑아지면서 각종 동식물이 사는 곳으로 변했어요.

한동안 우리나라 하천을 주름잡던 수달은 멸종 위기 1급 동물이 되었습니다. 수달의 개체 수가 줄어든 이유는 무분별한 포획이었습니다. 영국도 마구잡이로 잡아들이는 바람에 우리처럼 수달 보기가 힘들어졌어요. 영국은 최근까지도 수달 사냥을 '신사의 놀이'로 즐겼습니다. 그러다 2016년 5월 마지막 수요일을 '수달의 날'로 정하고, 사냥을 금지했다고 해요.

일본도 한때는 수달이 많이 서식했지만 지금은 멸종되었다고 합니다. 사냥도 심했지만 무엇보다 토목 공사 때문이에요. 굽이굽이 흐르던 강을 인위적으로 직선화하면서 강폭을 줄이자 수달 서식 환경이 급격히 바뀌었기 때문이라고 합니다.

수심이 깊고 먹잇감인 물고기가 많은 곳에 사는 수달은 사람들이 무척 좋아해요. 2019년에 경기도 안산 시화호에 수달이 나타나자 일본인들이 찾아와 향수를 달랬을 정도였습니다. 하지만 모두가 그런 것은 아닙니다. 어떤 사람들은 수달 같은 보호 동물보다 개발을 중요시해요. 오산천에 나타난 수달을 보호하자는 여론이 높아지자 한 정치인이 지역 신문에 "수달도 중요하지만 사람이 먼저"라면서 각종 편의 시설 등 개발을 늦추지 말아야 한다고 주장했다네요.

그동안 오산시 시민들은 오산천을 잘 보전해 왔어요. 인근 아파트 주민도 다시 찾아온 수달을 반가워하는데 개발업자의 생각은 다른가 봐요. 수달 때문에 벤치와 산책로를 놓을 수 없다고 주장하니까요. 오산의 환경 운동가들이 답답해하고 있답니다. 시민 편의성과 수달 보호를 함께할 수는 없는 걸까요?

국가 하천인 오산천이 시민의 쉼터인 것은 맞습니다. 하지만 수달에게는 유일한 주거지예요. 그곳에 꼭 야구장이나 축구장 같은 시설이 들어서야 할까요? 사람은 주거지를 옮길 수 있고 편의 시설을 다양하게 이용할 수도 있지만 수달에게는 대안이 없어요. 안 그래도 사람들 위주로 개발을 하는 바람에 동물들이 살 곳이 없는데 아직도 사람이 먼저라니, 겨우 살 곳을 찾은 수달에게 그처럼 모질어도 괜찮은 건가요?

멸종 위기 동물 서식지 보호와 개발을 둘러싼 갈등은 오산천 사례뿐만이 아닙니다. 우리나라 강원도의 설악산에는 산양이 삽니다. 산양 역시 '멸종 위기 야생 동물 1급'으로 지정되어 있어요. 요즘은 그나마 생태 보전 활동가들의 헌신으로 조금씩 개체 수를 늘려 가고 있습니다. 그런데 산양이 새끼를 낳아 기르는 기슭에 꼭 케이블카를 놓아야겠다는 사람들이 있습니다. 그래야 관광객이 늘고 그러면 더 많은 돈을 벌 수 있다고 생각하기 때문이에요. 그들은 반대하는 사람들에게 "그러면 사람보다 산양이 중요하냐?"고 묻습니다. 하지만 이들이 간과하는 게 있어요.

설악산에 관광객이 모여드는 이유가 뭘까요? 단순히 케이블카를 타기 위해서 멀리서 여행을 오지는 않습니다. 사람들은 강원도의 자연과 산양처럼 도시에 없는 희귀한 동식물을 보고 싶어 해요. 산양을 쫓아내고 케이블카를 지으면 정말 더 많은 관광객이 찾아올까요? 노약자와 장애인을 위해서라는 말도 핑계에 불과합니다. 실은 일반인들을 더 많이 끌어모아서 돈을 더 벌고 싶은 것뿐이니까요.

수달이 살지 못하는 곳에서는 사람도 살기 힘듭니다. 생물다양성을 상실한 생태계는 회복력을 잃고 점점 황폐해져 갈 거예요. 수달과 산양이 사라진 뒤에 후회해도 소용없어요. 분별없는 개발로 수많은 동식물이 살 곳을 잃으면 우리 인간 역시 재난을 맞게 될 거예요. 오랫동안 우리를 두려움에 떨게 했던 코로나19가 바로 그 증거입니다. 이 바이러스의 배후에는 전 세계적인 난개발과 생태계 파괴로 인한 기후 변화, 그리고 사라져 가는 생물 다양성에 있다고 전문가들은 말합니다. 코로나19 확산 과정에서도 알 수 있듯이 지구는 이제 하나가 되었어요. 바이러스는 비행기와 고속도로를 타고 삽시간에 세계로 퍼집니다. 그런 일을 막으려면 생태계를 지켜야 해요. 그런 의미에서 수달을 보호하는 일은 우리 삶을 보전하는 일이기도 합니다.

자연이 가져다주는 행복

아파트 단지에서 근린공원으로 이어지는 작은 숲길에서 귀여운 장면을 보았습니다. 아장아장 걷던 아기가 예쁜 신발로 무언가 꽁! 꽁! 밟네요. 가로수가 새잎을 펼칠 무렵이었어요. 강아지는 선글라스와 모자까지 쓰고 제멋대로 돌아다닙니다. 그러다 아이를 보더니 컹컹 짖어요. 아무리 귀여워도 개가 짖어 대면 어린이들은 놀라서 피하기 마련입니다. 그런데 주인이 황급히 와서 개를 끌어안을 때까지도 아기는 아까부터 무언가를 밟아 댑니다. 제가 다가가서 보니 웬 애벌레예요. 연한 나뭇잎을 갉다 아이 앞에 떨어졌나 봅니다. 이를 지켜보던 보호자가 "아이 더러워. 신발에 지지 묻잖아!" 하며 아이를 데려

갑니다.

저는 마음속으로 말합니다. '애벌레는 더럽지 않아요.' 어른이 "불쌍한 애벌레, 나무에서 떨어졌구나. 나비가 될 수 있게 다시 나무에 올려놓아 줄까?"라고 했으면 얼마나 좋았을까요. 그랬다면 자연을 보는 아이의 눈이 따뜻해질 텐데, 아쉬웠습니다. 아이가 사라지자 제 관심은 다시 아까 보았던 반려동물로 향했습니다.

부숭부숭한 털로 몸을 감싼 개는 따로 옷이 필요 없어요. 선글라스를 끼우면 예뻐 보일지 몰라도 개로서는 오히려 불편할 수도 있어요. 자연스럽지 않을 테니까요. 요즘 곳곳에서 이렇게 잘 꾸민 반려동물과 만납니다. 그만큼 우리 주변에 많아진 탓이겠지요. 반려동물 키우기는 함께하며 위안을 얻고 더불어 살아가는 법을 배울 기회이기도 해요. 하지만 주의해야 할 점도 있습니다. 반려동물도 '생명'이라는 점을 잊어선 안 돼요. 그러니 그 동물의 습성에 맞는 환경을 조성해 주어야 합니다. 생물들은 저마다 가장 행복해하는 생활 조건이 있어요. 원래 살던 곳에서 떨어져 잘 맞지 않는 환경에 사는 동물은 스트레스를 받기도 하고 전체 생태계에 안 좋은 영향을 미칠 수도 있어요.

요즘 우리 하천 생태계를 어지럽힌다는 비난을 받는 붉은귀

거북이 대표적입니다. 미국 남부가 고향인 이 동물은 원래 반려동물로 수입되었어요. 그러다 우리나라 전역에 퍼졌습니다. 잡식성이라 닥치지 않고 이것저것 잡아먹는 바람에 우리 생태계를 해치고 있다고 합니다. 이런 동물은 꽤 많아요. 집에서 길러지다가 슬며시 우리 하천에 버려진 거북류만 10여 종에 달한다고 해요. 해당 동물로서도 상당한 스트레스였을 거예요. 입맛에 맞지 않는 먹이로 연명해야 했을 테니까요.

저는 이처럼 우리 생태계에 맞지 않은 외래 동물일수록 관리를 잘해야 한다고 생각해요. 처음에는 호기심 때문에 집에 들여놓았다가 관심이 떨어지면서 아무 데나 버리는 일은 없어야 해요. 아예 판매를 제한하는 것도 방법입니다. 동물은 저마다 습성에 맞는 서식지가 있습니다. 인위적으로 이를 뒤바꾸는 건 동물이나 사람 모두에 좋지 않아요.

충청남도 서천군의 국립생태원에는 사막여우가 살고 있습니다. 불법 밀수를 하다 들켜서 압류된 동물이라고 해요. 당장 갈 데가 없으니 그곳에서 보호하는 중입니다. 사막여우는 귀여워서 인기가 좋은 동물이에요. 사람들이 서로 구경하려고 한답니다. 하지만 여우는 국립생태원에 있는 게 행복하지 않을 거예요. 그 이름처럼 '사막'이 고향이기 때문입니다. 그래서 스트레스를 받으면 날카로운 이와 발톱으로 여기저기 긁어

미래 세대를 위한 녹색 특강

국립생태원에 살고 있는 사막여우.

댄다고 하네요. 국립생태원에서 주는 도마뱀이나 귀뚜라미를 먹으며 살고 있다는데 어쩐지 안쓰럽네요.

자기가 살던 곳에서 스스로 떠나온 동물도 있지만 강제로 쫓겨난 동물도 있습니다. 제 어릴 적 경험을 말씀드릴게요. 제가 사는 곳에는 때까치가 흔했습니다. 덩치는 작아도 부리가 날카롭지요. 윗동네 과수원에도 한 마리 있었습니다. 특이하

게도 이 녀석은 일꾼인 청년이 나타나면 날아가서 품에 안기
곤 했습니다. 제가 다가가도 달아나지 않았어요. 과수원을 제
집처럼 편안히 여기는 듯했습니다.

일꾼 청년은 개구리를 먹이로 주며 때까치를 길들였다고 해
요. 그러고 보니 갈 때마다 철망 틈에 개구리가 끼워져 있었습
니다. 그게 아이들 장난은 아니었던 거예요. 지금은 그 자리에
과수원이 남아 있지 않아요. 오래전에 다세대 주택이 지어졌
는데 머지않아 초고층 아파트가 들어설 예정이라고 합니다.
어린 시절 윗동네에서 자주 만났던 때까치를 영영 볼 수 없을
것 같아 서운했습니다.

도시라고 해서 동물들이 살지 않는 것은 아닙니다. 제가 사
는 곳은 산기슭에 있는 아파트 단지인데요, 개 짖는 소리가 이
따금 요란해져요. 개들끼리 그렇게 서로 소통하나 봐요. 어느
날엔가 누군가 바퀴 장치를 단 개를 데리고 산책하는 걸 보았
어요. 알고 보니 다리가 불편한 개였습니다. 가구에 눌려 허리
와 다리를 다쳤다고 하더군요. 걷기가 불편해져 바퀴 장치를
달아 준 거예요. 뒷다리를 바퀴에 얹고 앞다리로 활기차게 걸
어가는 개를 보며 마음이 따뜻해졌습니다. 개 주인은 다친 개
를 정성껏 돌보고 있었어요. 그 모습을 보는 많은 사람의 마음
도 아마 훈훈해졌을 겁니다.

미래 세대를 위한 녹색 특강

아파트 단지의 작은 공원에는 새들이 삽니다. 직박구리가 찾아오고 박새와 딱새 소리가 들립니다. 먹을 게 부족해지는 겨울철이면 저는 베란다에 먹잇감을 매달아 두어요. 새들이 소문을 듣고 찾아올 게 틀림없으니까요. 실제로 땅콩이나 잣을 놓아 두면 기다렸다는 듯 모여듭니다. 새들이 모이를 쪼는 걸 보고 있으면 행복한 마음이 찾아옵니다. 함께 사는 동물들이 행복하면 사람도 행복합니다.

지구가 위험해요

2부

4

뜨거운 지구

　그린란드 빙하가 녹는 중입니다. 환경 운동가들은 20여 년 전보다 일곱 배 이상 빠르게 녹는다고 걱정합니다. 지구가 뜨거워진 탓이에요. 그린란드 빙하는 그 면적이 179제곱킬로미터, 평균 두께가 1.5킬로미터에 달합니다. 한반도의 여덟 배가 넘는 크기예요. 환경 운동가들은 이 빙하가 모두 녹으면 지구 해수면이 많게는 6~7미터 높아질 걸로 추정하고 있습니다. 이쯤 되면 우리가 아는 해안 도시 대부분이 물에 잠긴다고 봐야겠죠.

빙하가 사라진다면

아이슬란드 출신의 젊은 소설가 안드리 스나이르 마그나손은 빙하가 자꾸 녹는 게 안타까웠습니다. 무럭무럭 자라는 아이를 보면서 자신의 어렸을 적 추억을 되새겼지요. 그때의 아름다운 자연을 아이에게 전해 줄 수 없다고 생각한 마그나손은 간절한 마음을 담아 『시간과 물에 대하여』를 썼습니다.

그는 이 책에서 빙하가 녹으면 호수가 넘치고 그곳에 사는 사람이 생활 터전을 잃을 텐데 왜 사람들은 불안해하지 않는지 묻습니다. 히말라야 상황은 어떤지 알아보려고 직접 인도를 찾아갔어요. 하지만 그곳 사람들도 태평하기만 합니다. 다람살라로 가서 달라이라마를 만나 기후 위기를 주제로 대화를 나누며 위안을 받지만 고민은 쉽게 풀리지 않았습니다.

마그나손의 고향인 아이슬란드는 인구가 겨우 37만이지만, 맹렬하게 녹아내리는 히말라야 인근에는 10억 명 이상이 살고 있습니다. 기후 위기는 이들의 삶에 어떤 영향을 미치게 될까요? 2021년 2월, 인도 북부 지역에서는 히말라야에서 녹아내린 빙하가 건설 중인 댐을 덮쳐 200명 가까운 주민과 노동자가 사망하는 사고가 발생했습니다. 기후 전문가는 이것이 시작에 불과할 것이라고 우려해요. 히말라야 빙하가 녹으면

미래 세대를 위한 녹색 특강

일대는 사막처럼 변해 버릴 거예요. 더는 사람이 살 수 없는 땅이 되겠지요. 그렇다면 그곳에 사는 10억 명의 사람은 어디로 가야 할까요? 과연 주변국에서 기후 난민들을 받아들일까요?

2021년 8월 14일 그린란드에 비가 내렸습니다. 지구에서 가장 추운 지역에 속하는 이곳에 비가 내린 건 기상 관측 이후 처음 있는 일이었습니다. 그것도 나흘 동안 70억 톤의 폭우가 쏟아져 410억 톤의 빙하가 녹았습니다. 과거 10년 동안 그린란드의 변화를 연구해 온 과학자들은 이런 현상이 더욱 많아질 거로 예측합니다. 빙하가 녹으면서 물이 호수처럼 고이다가 바다로 넘쳐흐르는데 이때 빙하의 깊은 틈인 '크레바스'로 밀려들면서 빙하를 조각내요. 거대한 빙하는 마치 무가 잘리듯 뚝뚝 끊어져 바다로 추락하겠지요.

빙하는 크기가 작아지면 더 빨리 녹습니다. 입 안의 사탕을 깨뜨리면 더 빨리 녹여 먹을 수 있는 것과 같은 이치예요. 따뜻한 온도에 노출되는 표면적이 넓어지기 때문입니다. 그린란드의 빙하가 점점 빨리 사라지는 이유도 그렇습니다.

거대한 빙하가 쪼개져 바다로 추락하면 그 여파로 해안에 쓰나미가 몰려올 수 있습니다. 그린란드와 가까운 아이슬란드는 어느 나라보다도 지구 온난화에 민감할 수밖에 없어요.

산업화로 화석 연료 사용이 늘어나기 이전, 280피피엠(ppm)

그린란드의 빙하.

정도였던 대기의 이산화탄소 농도는 두 차례 세계 대전을 거치며 폭발적으로 짙어졌습니다. 브라질 리우데자네이루에서 1차 지구정상회담이 열린 1992년 무렵에 350피피엠을 넘었어요. 전문가들은 350피피엠을 넘기면 지구 생태계의 지속 가능성이 훼손된다고 추정합니다. 그러나 안타깝게도 유엔 산하 기후 변화 평가 조직인 '기후 변화에 관한 정부 간 협의체'(IPCC)가 6차 보고서를 펴낸 현재, 이산화탄소 농도는 410피피엠을 넘어섰습니다.

미래 세대를 위한 녹색 특강

지금과 같은 추세로 이산화탄소가 늘어나면 그린란드 빙하는 모두 사라질 겁니다. 온실가스 배출을 당장 줄이지 않으면 그린란드 빙하는 이번 세기 안에 모두 녹을 것으로 환경 단체는 주장합니다. 수많은 과학적 증거들도 남은 시간이 많지 않다고 말합니다.

영화 속 재난이 현실로

2022년 7월, 환경 위기를 알리는 비영리 인터넷 매체 〈GRIST〉에서 우리가 반드시 살펴야 할 일곱 가지 징후를 이해하기 쉽게 정리했습니다. 이들은 멕시코만 난류의 대서양 순환, 산호초, 그린란드 빙하, 남극 빙하, 영구 동토층, 북극권의 한대 수림, 그리고 아마존 열대 우림의 위기를 주목했어요. 결론은 기후 변화로 오랫동안 유지되어 온 균형이 깨지면서 통제 불능 상태가 되었다는 것이었습니다.

2004년 개봉한 할리우드 영화 〈투모로우〉는 해류의 흐름에 이상이 생겼을 때 발생할 재난을 상상한 작품이었어요. 영국과 시베리아는 위도가 비슷합니다. 그럼에도 영국이 훨씬 따뜻한 건 바다의 따뜻한 해류가 추위로부터 보호해 주기 때문이지요. 그런데 영화에서처럼 영국 주위를 흐르는 따뜻한 바 닷물인 멕시코만 난류에 문제가 생기고 그 바람에 시베리아 혹한이 덮친다면 어떻게 될까요?

비록 상상이기는 하지만 그러한 설정이 전혀 근거가 없는 건 아니에요. 만약 실제로 영화와 같은 일이 생긴다면 그 여파 는 영국과 북유럽에만 미치지 않을 겁니다. 세계의 바다가 위 험해져요. 전 세계 해양 생태계의 연쇄 붕괴로 이어질 것이 불 보듯 훤해요.

지구 온난화로 안데스, 히말라야, 알프스의 빙하는 물론 남 극 빙하도 녹고 있습니다. 그 속도가 10년 전보다 적어도 세 배 이상 빨라졌다고 해요. 평균 2.3킬로미터 두께인 남극의 빙하는 그 크기도 상상을 초월합니다. 그중 한반도 크기만 한 '스웨이츠 빙하'가 당장 위험하다고 해요. 만약 이 거대한 빙 하가 쪼개져 남극해로 떨어진다면 해수면은 크게 요동칠 거로 학자들은 전망합니다. 찰랑찰랑한 잔에 얼음을 떨어뜨렸을 때를 상상해 보면 쉽습니다.

시베리아와 티베트고원 등지의 '영구 동토'도 녹고 있다고 해요. 영원히 얼어붙어 있다고 해서 붙여진 이름인 영구 동토 가 녹으면서 생각지도 못했던 문제가 생길 수도 있다고 학자 들은 말합니다. 아주 오랜 옛날 동물 사체와 함께 잠들어 있던

미래 세대를 위한 녹색 특강

바이러스가 땅이 녹으면서 지상으로 노출될 수 있습니다. 실제로 요즘 시베리아에서는 예전에 멸종된 매머드 사체가 발견되는 일이 벌어진다고 해요.

얼어붙은 땅에 매장된 메탄가스도 위험 요소입니다. 이 가스는 불이 잘 붙는 가연성 물질이에요. 자칫 잘못하다가는 시베리아의 광대한 숲이 불타 버릴지도 모릅니다. 게다가 메탄은 이산화탄소와 더불어 지구 온난화의 주범인 온실가스예요. 대기 중에 메탄가스가 대량 방출되면서 기후 위기가 더 심화될 위험이 있습니다.

화석 연료 소비로 발생하는 온실가스가 지구 온도를 높이고, 이렇게 해서 높아진 온도는 각종 재난으로 이어집니다. 그리고 이런 재난이 지구 온난화를 더욱 부채질하는 악순환이 계속되고 있어요. 문제는 사람들이 그 심각성을 잘 모른다는 거예요. 지금 내가 배출하는 온실가스가 어느 정도인지, 바로 확인할 수 없기 때문입니다. 운전자들은 자신이 탄 자동차가 배출하는 배기가스의 유해성이 어느 정도인지 모릅니다. 밖으로 내보내니 실감하지 못해요. 어떤 사람들은 대기 중에 희석되니 괜찮다고 생각합니다. 많은 화학 물질들이 이런 식으로 남용되고 있어요.

인류의 무분별한 화석 연료 소비는 지구 생태계의 균형을 무너뜨렸어요. 지구가 더워지고 해류 순환에 이상이 생깁니다. 산호초가 죽어가고. 영구 동토층과 그린란드와 북극, 남극의 빙하가 녹아요. 아마존이 불타면서 수많은 생명체가 죽고 인류는 숨이 막힙니다.

가난한 사람에게 먼저 찾아온 재난

폭염이 이어지는 날이면 숨이 턱턱 막힙니다. 그런데 기후 위기로 이런 이상 폭염이 세계 곳곳에서 일어난다고 해요. 한여름에도 20도를 넘지 않던 영국에도 최근 40도 넘는 폭염이 엄습했다고 합니다. 도로 아스팔트와 활주로가 부풀고 철도 선로까지 휠 정도였다니 그 위세가 얼마나 대단했는지 짐작이 갑니다. 오늘날 유럽과 북미 등 전 세계에서 이런 현상이 관찰되고 있어요.

우리나라도 이상 폭염을 경험한 바 있습니다. 1994년에 있었던 기록적인 폭염도 지구 온난화의 여파라고 해요. 그런데 이런 더위가 찾아오는 일이 점점 많아지고 있어요. 그 뒤 2018년에 있었던 폭염은 111년 만에 최고 수준이었습니다.

폭염은 대규모 산불의 원인이 되기도 합니다. 2021년 여름,

미국 캘리포니아주는 일부 지역 온도가 50도를 넘어가는 엄청난 더위에 시달립니다. 이 시기 대형 산불이 빈번했는데요, 무더위로 숲이 건조해졌기 때문이라고 합니다.

더운 곳에서는 사람뿐 아니라 다른 생명체도 살기 힘듭니다. 햇볕으로 타들어 가는 사막에서 숲을 보기 힘든 것처럼 말이에요. 기후 위기가 심화되면서 세계가 이러한 폭염은 물론 이상 한파와 집중 호우, 가뭄으로 몸살을 앓고 있는데요, 나름 대책을 마련하고 있습니다. 유럽 같은 경우 곳곳에 폭염 피난처를 둡니다. 우리나라도 도서관과 관공서를 폭염 피난처로 지정했어요.

기후 변화에 관한 정부 간 협의체는 온실가스 배출을 획기적으로 줄이지 않는다면 기상 이변은 더욱 심각해질 것으로 전망합니다.

그리고 이로 인한 재난은 가난한 사람들에게 더욱 가혹합니다. 2003년 여름 유럽에 덮친 폭염으로 무려 7만여 명이 사망했습니다. 프랑스가 가장 큰 피해를 보았는데 희생자 중 상당수가 가난한 계층이었다고 해요.

우리나라도 마찬가지입니다. 아파트촌에서 흔하게 볼 수 있는 에어컨을 가난한 사람들이 사는 곳에서는 찾기 어렵습니다. 그만큼 폭염에 취약할 수밖에 없어요. 비좁고 더운 곳에서 선풍기 한 대로 더위를 버티는 장면이 언론에 나옵니다. 대책이 필요하다는 것이지요. 불볕더위가 찾아온다고 해서 모두가 똑같이 고통스러운 것은 아닙니다. 폭염과 한파 같은 기후 재난에 더 취약한 사람들이 있어요. 기후 위기로 인한 재난 그 자체보다 불평등이 더 큰 문제라는 지적이 나오는 이유입니다.

그렇다면 가난한 사람들에게 에어컨을 보급하는 방식이 대안이 될 수 있을까요? 지금 당장은 그럴 수 있지만 장기적으로는 그렇지 않습니다. 에어컨 같은 냉난방 장치들은 전기로 작동해요. 가난한 사람들은 전기료를 감당하기 힘들고, 늘어난 전기 수요를 감당하느라 더 많은 화석 연료를 사용하게 될 겁니다. 더위를 피하려다 지구를 더 덥게 만드는 꼴이에요. 기후 위기로 인한 재난을 막으려면 근본적인 대책이 필요합니다.

다행일까요, 우리나라는 아직 체온을 넘어서는 극한의 폭염이 그다지 많지 않았거든요. 아슬아슬했던 지역은 있었지만, 유럽과 남아시아 같은 폭염은 없었어요. 그래도 갈수록 견디기가 힘겨워집니다.

산업화 시대를 기준으로, 평균 기온이 섭씨 1.5도 이상 상승하면 지구 생태계는 파국을 맞을 것으로 기후학자들은 예견합니다. 그런데, 이미 1.1도 이상 올랐어요. 상승 속도가 눈에 띄

미래 세대를 위한 녹색 특강

게 빨라집니다. 지구 평균 기온이 2도 오르면 부산의 3분의 1
이 해수면 아래로 잠긴다고 합니다. 부산에서 그칠 리 없습니
다. 당장이라도 냉난방을 포함해 화석 연료에 의존하는 우리
네 삶을 바꾸어야 해요.

이제는 미래를 생각할 때

2019년 9월부터 6개월 동안 호주에서 큰 산불이 났습니다.
한반도에 가까운 면적을 태운 산불로 10억 마리가 넘는 동물
이 죽고, 불을 끄던 소방관들이 소중한 목숨을 잃었습니다. 짐
작했듯 기후 변화가 원인이었습니다. 이미 여러 차례 경고 신
호가 있었지만 호주 정부에서는 대책을 세우지 않았죠. 전에
없는 폭염과 가뭄으로 자급하던 밀조차 수입해야 할 지경이
었지만 그들은 석탄 수출을 걱정할 따름이었습니다.

당시 호주의 과학자들은 위험을 직감했습니다. 이 사태를
계속 방관한다면, 30년 이내에 세계 인구 절반 이상의 생존이
불투명해질 것으로 전망했어요. 인류가 버리고 싶지 않은 '현
재의 문명'을 유지하려면 온실가스 배출을 당장 멈춰야만 한
다고 경고한 겁니다. '기후와 관련된 잠재적 안보 위협'이라는

제목의 보고서에서 막대한 산소 공급원인 아마존 같은 열대 우림이 타들어 가고 해수면 상승으로 도시 대부분이 물에 잠겨, 세계 인구의 55퍼센트가 터전을 잃을 것으로 예견했습니다. 앞으로 20년 안에 절박하게 대책을 마련하고 행동하지 않으면 재앙을 피할 수 없다고 합니다. 하지만 이런 경고를 무시했고 결국 사상 초유의 산불에 휘말렸던 겁니다. 호주만이 아니지요. 대부분 국가들은 성의 있는 행동을 보이지 않습니다. 대한민국도 다르지 않습니다.

우리나라는 2050년까지 '탄소 중립'을 달성하겠다고 2020년 10월 세계에 약속했습니다. 온실가스의 양만큼 공기 중의 탄소를 줄여 실질적인 탄소 배출량을 '0'으로 만들겠다는 거예요. 기후 변화에 관한 정부 간 협의체는 그보다 10년 빠른 2040년까지 앞당기라고 촉구했습니다. 그러려면 화석 연료에 의존하고 있는 사회 시스템과 소비 습관을 즉각 개선해야 합니다. 예전에 없던 무지막지한 산불과 폭우로 인명과 재산 피해를 겪고 있기에 돈벌이나 일자리보다 생존을 걱정할 정도로 사태가 심각합니다.

2018년 8월 세계 청소년들은 그레타 툰베리를 중심으로 등교 거부 시위까지 벌이면서 각국 정부에 기후 위기 대책 마련을 강력히 촉구했습니다. 그런데 한국에서는 대책을 세워야

미래 세대를 위한 녹색 특강

©앤디 보셀만

2019년 10월 11일 미국 덴버의 시빅 센터 공원에서 기후 파업 운동가들에게 연설하고 있는
그레타 툰베리.

할 정부도, 이를 감시해야 할 언론도 관심을 안 보여요. 해수면
은 상승하는데, 부산과 인천은 경쟁적으로 해안을 매립하고,
그 자리에 초고층 건물을 세워 자랑하기 바쁩니다. 휘황찬란
한 신기루에 취해 에너지 과소비로 흥청망청한 상황에서 내일
을 잃은 미래 세대를 걱정하는 언론은 없습니다.

　　정부와 언론만이 아니에요. 기후 위기 시대에 등교를 거부
할 수밖에 없는 미래 세대의 처지를 이해하는 어른은 얼마나

있을까요? 그들의 행동을 응원하며 격려한 어른은 얼마나 될까요? 자신의 아이가 기후 변화에 맞서 행동할 때, 자랑스러워 한 부모는 얼마나 될까요?

툰베리가 다니던 스웨덴의 고등학교는 1인 시위를 배려하며 금요일 수업을 빼 주었다고 합니다. 우리 학교는 그럴 용의가 있을지 궁금하네요. 기후 위기는 기성세대에게는 미래의 일이지만 자라나는 청소년들에게는 당장의 일입니다. 미래의 주인공을 위해 세대를 아우르는 공감과 지지가 필요합니다.

미래 세대를 위한 녹색 특강

5

재생 에너지의
미래

150여 년 전 미국의 철학자이자 수필가인 헨리 데이비드 소로는 숲속 오두막에서 자연의 삶을 살았습니다. 그는 인간이 탐욕과 소유에서 멀어져야 온전히 생태적인 삶을 살 수 있다고 보았어요. 하지만 오늘날 이런 소로의 생각을 찾아보기란 어렵습니다. 우리 인간은 지금도 너무 많은 자원과 에너지를 소비하며 살고 있어요. 인간 생존에 반드시 필요한 에너지는 어느 정도가 적당할까요?

화석 연료 위에 세워진 현대 문명

삶을 유지하려면 에너지가 필요합니다. 음식을 조리할 때는 물론이고 농사를 짓거나 가축을 키울 때도 마찬가지죠. 옷을 만들고 집을 짓는 과정을 생각해 보세요. 다른 동물들은 어떨까요? 그들도 마찬가지로 음식을 먹고 잠을 자고 거처를 마련하죠. 인간보다 덜하지만 에너지를 소비합니다. 차이는 그들이 소비해서 만든 것들은 고스란히 자연으로 돌아간다는 거예요. 동물의 집은 다시 자연이 됩니다. 그렇게 순환하는 거죠. 동물이 먹는 음식도 마찬가지잖아요? 한데 사람은 아닙니다. 순환을 거부하는 쓰레기가 쌓이고, 쓰레기를 치우는 데도 에너지가 들죠.

인간이 사용한 에너지는 자연 상태로 되돌릴 수 없어요. 예전에는 그렇지 않았습니다. 장작을 태워 가마솥의 물을 펄펄 끓이고 나면, 장작은 재가 되어 다시 땅으로 돌아갈 수 있었습니다. 지금은 어때요? 덥다고 에어컨과 선풍기를 돌리면 금세 시원해집니다. 그사이 우리는 많은 전기를 소비해요. 우리가 편리하게 사용하는 전기는 대부분 2차 에너지입니다. 발전소에서 석탄 같은 화석 연료를 태워 얻는 에너지로 전기를 생산하니까요. 화석 연료는 다시 자연으로 돌아가지 않습니다. 각

미래 세대를 위한 녹색 특강

종 유해 물질이 되어 대기 중을 떠돌거나 땅과 바다에 축적되지요. 이들은 자연의 순환을 오히려 가로막습니다.

전기는 참 편리합니다. 냄새도 먼지도 없어요. 스위치만 켜면 텔레비전과 컴퓨터 같은 기계를 작동시킬 수 있습니다. 현대 문명은 전기를 빼놓고는 유지될 수 없어요. 하지만 인류가 전기를 사용한 건 그리 오래전이 아닙니다. 겨우 100년 조금 넘었을 뿐이에요. 화석 연료도 비슷해요. 인류가 세상에 출현하고 적어도 100만 년 동안은 사용하지 않았죠. 대신 나무와 물, 바람과 동물의 힘처럼 자연에서 에너지를 구했습니다.

우리가 사용하는 에너지의 70~80퍼센트가 석유와 석탄 같은 화석 연료입니다. 화석 연료가 없으면 우리 생활이 어려워지는 셈이에요. 게다가 전기를 만드는 데도 화석 연료가 쓰여요. 가장 많은 전기를 생산하는 석탄 화력 발전소의 경우 석탄 에너지의 40퍼센트 정도를 전기로 바꿉니다. 핵 발전소의 효율은 10퍼센트 내외에 불과해요. 더 높이면 위험해집니다. 전기로 바꾸지 못한 에너지는 버려집니다. 폐기물이 되는 거예요. 이러한 물질은 태양이나 바람 같은 자연 에너지와 달리 기후 변화의 원인이 됩니다.

착한 발전소 만들기

전기를 생산하는 발전소는 거대한 시설입니다. 그 안에는 발전 시설과 더불어 오염 물질을 걸러 내는 시설도 갖춰져 있습니다. 예전에는 이런 정화 시설 없이 굴뚝으로 시커먼 연기를 내보내는 곳이 많았어요. 심한 냄새와 먼지 등으로 인근 주민의 항의를 받아야 했지요.

화력 발전소는 석탄으로 물을 끓여 수증기를 만들고, 수증기로 터빈을 돌려 전기를 생산합니다. 핵 발전도 원리는 같습니다. 우라늄 같은 핵물질을 분열시키며 이때 발생한 열로 물을 끓입니다. 화력 발전이나 핵 발전은 고온에서 고압의 수증기로 발전용 터빈을 돌려서 이루어지기 때문에 그 과정에서 나오는 수증기 열을 식혀야 합니다. 그때 보통 바닷물을 씁니다. 바다에서 수증기를 식히려고 끌어올리는 물을 '온배수'라고 하는데, 우리나라 화력 발전소는 보통 1초에 50톤 정도의 온배수가 필요합니다. 규모가 클수록 온배수의 양도 늘어납니다. 핵 발전소는 화력 발전소의 두 배 정도 필요하다고 해요. 우리나라 발전소가 대부분 바닷가에 있는 이유가 온배수 때문입니다.

서울에도 화력 발전소가 있어요. 마포구에 있는 서울화력발

미래 세대를 위한 녹색 특강

한강에서 바라본 강변북로 교각과 서울화력발전소.

전소입니다. 1930년부터 가동한 이 발전소는 원래 석탄과 석유를 태웠습니다. 그러다가 1993년부터 천연가스로 바꾸었어요. 지금은 발전 시설을 눈에 띄지 않는 지하로 옮겼는데, 온배수는 한강에서 가져옵니다.

유럽에서 가장 많은 공장을 가동하는 독일은 인구가 우리나라보다 많아요. 많은 전기가 필요하니 발전소도 많아야 할 텐데 문제는 온배수 확보라고 합니다. 독일 북쪽에 있는 흑해는 좁고 그나마 갯벌이라 보호를 받습니다. 그래서 호수와 강에서 물을 끌어와요. 대신 뜨거워진 온배수를 호수나 강으로 보내지는 않습니다. 150미터 높이의 거대한 냉각탑에서 온도를 낮춘 뒤 내보낸다고 해요. 높은 온도의 온배수가 생태계를 훼손하지 않게 하려는 조치예요.

독일에서는 시민들이 발전소 측이 먼지와 오염 물질을 철저히 걸러 내고 정화하는지 감시한다고 합니다. 독일의 모든 발전소는 시민에게 관련 자료 대부분을 공개합니다. 사고 위험이 없다면 시민의 출입을 통제하지 않아요. 우리와 다른 모습이에요. 전력 회사와 소비자 사이에 신뢰가 쌓였기 때문입니다.

정화 시설을 설치하는 데는 돈이 들어요. 발전소를 깨끗하고 안전하게 할수록 전기 생산 비용이 증가하니 전기 요금이 오릅니다. 하지만 독일 시민들은 싼 전기를 많이 쓰기보다 안전하게 생산한 전기를 아껴 쓰는 편을 택했어요. 정부와 발전소는 발전 효율을 높이는 연구에 앞장섰고, 가전 회사는 에너지 효율을 높인 제품을 내놓았죠. 시민들은 화력 발전소보다 태양이나 바람 같은 자연 에너지를 원했고, 독일을 비롯한 유럽의 많은 국가는 재생 가능한 에너지의 생산을 제도적으로 지원하고 있습니다.

미래 세대를 위한 녹색 특강

핵이라는 치명적인 에너지

화석 연료를 태우는 발전소에서 나오는 먼지와 오염 물질은 아무리 첨단 기술을 사용해서 거르고 정화한다고 해도 한계가 있습니다. 이산화탄소와 초미세 먼지 등은 그대로 대기로 배출돼요. 그래서 이러한 발전소는 폐기하는 게 답입니다. 실제로 많은 나라에서 햇빛이나 바람 등 신재생 에너지를 이용해 전기를 만들려고 애쓰고 있습니다. 2030년까지 내연 기관을 가진 자동차를 생산하지 않겠다는 나라도 있어요.

지구 온난화의 주범인 온실가스를 줄이겠다는 의지는 매우 칭찬할 만합니다. 하지만 여기서도 생각해 보아야 할 게 있어요. 내연 기관의 대체물로 평가받고 있는 전기나 수소가 어떤 에너지로 생산되느냐도 살펴보아야 해요. 물에서 수소를 분해하고 전기 차의 배터리를 충전하는 데 쓰이는 전기가 화력 발전소에서 생산된다면 소용없는 일이니까요.

탄소 배출이 없으니 핵 발전을 대안으로 삼자는 주장도 경계해야 합니다. 실제로 핵 발전은 화력 발전보다 훨씬 적은 탄소를 배출합니다. 하지만 여기서 간과하는 부분이 있어요. 바로 발전 과정에서 나오는 핵물질과 핵폐기물 처리예요.

우라늄처럼 불안전한 핵물질은 엄청난 에너지를 내놓지만,

월성 핵 발전소 1호기(앞쪽)와 신월성 핵 발전소 1·2호기(뒷쪽).

치명적 위험이 있어요. 바로 방사능 물질입니다. 여기에 노출되면 죽거나 심한 장애를 입을 수 있어요. 다 쓴 핵연료는 폐기물로 관리합니다. 그런데 이것을 안전하게 보관할 장소나 시설이 없어요. 그래서 지금은 그냥 핵 발전소 내부에 보관하면서 안전하도록 감시하는 형편입니다. 핵폐기물은 매우 위험할 뿐만 아니라 안전해지기까지 엄청난 시간이 소모돼요. 그 비용이 얼마나 들어갈지 아직도 모릅니다.

핵폐기물은 종류도 양도 많아요. 최소 300년, 최대 수백만 년을 안전하게 보관해야 합니다. 핵 발전소에서 생산한 전기

미래 세대를 위한 녹색 특강

는 보통 30년, 시설을 교체하여 사용해도 길어야 60년 사용하지만 필연적으로 발생하는 핵폐기물은 전기 혜택을 누리지 못한 후손에게 대대로 떠넘겨집니다. 환경 단체들은 핵만큼이나 후손에게 치명적인 에너지는 없다고 주장합니다.

지금까지 많은 핵 시설 사고가 있었습니다. 그중 유명한 1986년 체르노빌 핵 발전소 폭발 사고는 당시 소련에게 큰 충격을 주었습니다. 2011년 후쿠시마 핵 발전소 폭발 사고는 또 어떤가요?

핵 발전을 지지하는 사람들의 주장과 달리 전 세계 여러 나라가 핵 발전에서 손을 떼고 있어요. 안전을 보장하라는 국민의 요구를 외면할 수 없기 때문입니다. 핵 발전은 경제적이지도 안전하지도 않아요. 미래 세대의 생존을 위협하는 핵 발전이 민주주의 국가에서 외면받는 이유입니다.

대안 에너지를 모색하는 사람들

2023년 4월 15일 자정, 독일의 마지막 핵 발전소가 가동을 멈춥니다. 독일에는 36개의 핵발전소가 운영되었는데, 핵 발전소를 모두 멈춘 이유는 안전이었습니다. 2011년 3월 일본 후쿠시마 핵 발전소 사고를 지켜본 독일 정부는 '안전한 에너지 공급을 위한 윤리 위원회'를 출범시켰지요. 성직자, 정치인, 경제인, 학자, 그리고 재생 가능한 에너지 전문가들이 모여 두 달 가깝게 민주적으로 의논한 뒤 핵 발전 중단을 결정했습니다. 원래는 2022년까지 마무리하려고 했으나 러시아-우크라이나 전쟁으로 천연가스 수급에 차질이 생기자 1년 연기된 거예요.

독일은 대신 재생 에너지를 쓰기로 합니다. 유럽 최대 산업 국가인 독일은 2011년 이미 재생 가능한 에너지 비율이 전체 20퍼센트를 넘긴 상태였어요. 오래전부터 준비한 결과입니다. 2050년까지 모든 전기를 재생 에너지로 생산하겠다는 데는 이와 같은 자신감이 배경에 있습니다. 독일은 지리적으로 햇볕이 그리 강하지 않고 북해 연안을 제외하고 풍력 발전을 할 마땅한 곳이 없지만 개의치 않아요. 대신 집집마다 태양광 발전 시설을 설치했습니다. 또한 에너지 사용을 최소화하는 쪽으로 방향을 잡았어요. 독일의 새 건물은 '에너지 제로 하우스'가 원칙입니다. 단열을 철저히 해서 에너지 효율을 높이는 거예요. 그러면 전기를 덜 사용하게 되지요.

우리나라는 세계적으로도 전기 요금이 싼 나라에 속합니다. 특히 산업용 전기는 가정용보다 저렴합니다. 최대한 생산 비

미래 세대를 위한 녹색 특강

용을 낮춰야 하는 기업으로서는 나쁠 게 없습니다. 하지만 장기적으로 보면 그렇지 않아요. 당장 이익은 늘어나겠지만 국제 경쟁력이 떨어질 수 있습니다. 세계 산업 여건이 변하고 있기 때문이에요.

최근 유럽 의회는 '탄소 국경 조정 제도' 법안을 통과시켰습니다. 2026년부터 적용되는 제도로 온실가스를 많이 써서 생산하는 제품 수입을 제한하겠다는 내용입니다. 지금처럼 화력 발전으로 값싸게 생산한 전기로 만든 제품은 더 이상 유럽에 수출하기 어렵다는 뜻입니다. 유럽의 결정 이후 당장 세계 유수의 기업들이 재생 에너지 확보에 열을 올리는 이유입니다.

지금껏 우리는 화석 연료와 핵시설을 사용하여 값싸게 전기를 생산해 왔어요. 그래서일까요? 길거리에 나가 보면 아무렇지 않게 전기를 낭비하는 사례를 자주 봅니다. 여름철 손님을 끌어들이려고 문을 활짝 열어 놓은 채 에어컨을 여러 대 틀어 놓은 곳도 눈에 띄네요. 이제 이런 모습도 바뀔 때가 되었다고 봅니다.

화석 연료의 한계는 점점 분명해지고 있습니다. 지구는 더워지고 곳곳에서 재난이 일어나고 있어요. 유럽 의회의 결정은 지속 가능한 삶을 위한 어쩔 수 없는 선택이에요. 그러지 않으면 공멸할 위험에 처해 있습니다. 오늘날 전기 없는 삶은 불

가능합니다. 전기를 쓸 수 밖에 없다면 생산 효율을 높이고 아껴 써야 합니다. 대도시에서 멀리 떨어진 지역에 대규모 발전 시설을 짓고 여기서 생산한 전기를 끌어오는 지금의 방식을 바꾸는 것도 대안입니다. 마을 곳곳에 소규모 전기 생산 시설을 두고 지역에서 소비하는 거예요. 그러면 큰 시설을 짓고 전기를 운반하느라 소모되는 에너지를 절감할 수 있습니다.

발전 효율을 높이는 것도 방법입니다. 실제로 도심 복판에 발전소가 있는 유럽의 많은 국가는 전기를 생산하는 과정에서 나온 뜨거운 물을 지역 난방에 활용하여 효율을 높이고 있습니다. 우리 기술로도 충분히 실현 가능해요. 한강의 물을 끌어다 쓰고 이를 데우면 충분히 많은 시민이 사용할 전기와 온수를 확보할 수 있을지도 몰라요.

다행히 우리나라 여러 지방 자치 단체에 '햇빛발전 협동조합'이 만들어지는 등 재생 에너지로 전기를 생산하려는 움직임이 활발합니다. 누구나 여기에 동참할 수 있어요. 지붕이나 베란다에 작은 햇빛 발전 장치를 설치하여 지구를 살리고 미래 세대에게 희망을 선물하는 것은 어떨까요?

미래 세대를 위한 녹색 특강

6

기후 위기 시대의 과학 기술 사용법

하늘 아래 사람이 살지 못하는 곳은 거의 없습니다. 산꼭대기와 바닷가, 극지방과 적도, 열대 우림과 사막, 땅속과 공중, 심지어 우주 공간에서도 살아갑니다. 이제 사람이 사는 데 장소는 중요하지 않아요. 반면 없어서는 안 될 것들이 생겼습니다. 도시와 시골, 봄부터 겨울까지, 어리든 나이 들었든, 남녀 관계없이, 자동차 없이 못 살고 전기와 전화 그리고 인터넷 없이 못 삽니다. 냉난방 없이 하루하루 견디기 버겁습니다.

기술이 바꿔 놓은 우리의 일상

우리의 생활 양식은 빠른 속도로 변해 왔습니다. 소비 패턴도 많이 바뀌었죠. 과거에는 필요한 물건을 구하는 데 시간과 노력이 들었습니다. 하지만 지금은 돈만 있다면 손쉽게 구할 수 있어요. 필요하지 않아도 즉흥적으로 사는 일이 많아졌지요. 소비 자체가 하나의 문화가 되었습니다.

주말이면 대형 마트 주차장은 승용차로 가득하고 매장은 인산인해를 이룹니다. 필요한 물건을 골라 담고 줄 서서 계산하면 그만이지요. 요즘은 곳곳에 무인 주문 시스템인 '키오스크'가 보급되면서 사람과 마주 보며 주문하고 흥정할 일이 없어졌어요. 그마저도 귀찮다면 스마트폰으로 물건을 주문하면됩니다. 다음날 바로 집 앞까지 배달해 줘요.

맛있는 음식을 그때그때 배달시켜서 먹고 해외에서 유행하는 옷을 실시간으로 주문할 뿐만 아니라 거실에서 영화를 보며 외국에 있는 친구와 게임을 해요. 세계 곳곳에서 벌어지는 일들을 즉시 확인할 수 있습니다. 영국 프리미어 리그에서 뛰는 선수들의 모습을 에스앤에스(SNS)로 지켜보면서 '좋아요'를 누를 수 있어요. 외국인들 역시 우리나라 드라마와 아이돌 그룹의 공연을 실시간으로 시청할 수 있습니다.

스마트폰은 '비대면'을 부추깁니다. 앱으로 과일을 주문했다고 생각해 볼까요. 가벼운 터치 하나로 금세 과일 상자를 받아 보게 되면서 이걸 키운 사람, 중간에 배달하는 사람이 있다는 걸 잊게 돼요. 얼굴을 본 적은 없지만 누군가 그 과일을 키우려고 애썼을 테고, 또 누군가는 뜬눈으로 밤을 지새우며 과일을 집 앞까지 배달했겠지요. 그런 많은 사람의 노력이 없다면 우리는 맛있는 과일을 먹을 수 없을 겁니다. 하지만 이런 생각을 하며 살아가기가 쉽지 않아요.

이러한 변화의 중심에는 '기술'이 있어요. 인공위성과 전자 통신 기술 발전 덕분에 편하게 즐길 수 있는 거예요. 그렇다면 이 복잡한 기술들은 누가 어떻게 개발해 낸 걸까요? 이러한 기술이 앞으로도 우리의 삶을 더욱 풍요롭고 윤택하게 만들어 줄까요? 전 세계 누구와도 쉽게 교류할 수 있는 세상에서 점점 혼자 지내는 시간이 많아지는 이유는 무엇일까요?

과학 기술은 만능이 아니다

기술은 우리를 한없이 편하고 자유롭게 만들어 줍니다. 하지만 다시 생각해 보면 그만큼 우리가 의지한다는 뜻이기도 해요. 발전한 기술은 우리 스스로 선택하는 능력을 떨어뜨립니다. 알아서 다 해 주니까요. 또한 돈이 없는 사람, 기계를 능숙하게 다루지 못하는 사람들은 편의를 누릴 수 없어요. 일종의 차별이지요. 사람들은 그건 어디까지나 사회 문제이지 기술의 문제는 아니라고 말해요. 기술 자체는 훌륭한데 이걸 사용하는 사람이 문제라는 뜻입니다. 하지만 정말 기술은 도구에 불과하고 그 자체로 가치 중립적일까요?

사회인 야구단에서 선수로 활약하는 아빠가 애지중지하는 야구 방망이나 목공 기술을 배우는 엄마가 새로 산 망치는 도구입니다. 때로 텔레비전에 그런 도구들이 흉기로 쓰였다는 끔찍한 뉴스가 나오기도 하지만 그걸 야구 방망이나 망치 탓으로 돌릴 수는 없지요. 자동차와 컴퓨터도 그래요. 누가 어떻게 사용하느냐에 따라 문명의 이기 혹은 범죄의 도구가 됩니다. 그렇게 생각해 보면 정말 기술은 죄가 없다는 말이 맞는 것 같습니다. 이를 두고 윤리성을 따질 이유는 없어 보여요. 하지만 인류 발전의 역사를 보면 꼭 그런 것만도 아니에요.

예전 기술은 장인의 손재주로 빛이 났어요. 그 장인이 사용한 도구는 누구나 쓸 수 있는 것들이었습니다. 요즘은 그렇지 않죠. 사용법이 복잡해서 따로 공부해야 합니다. 요즘 우리가 구입한 전자 제품이나 자동차를 생각해 보세요. 고장 나면 전

미래 세대를 위한 녹색 특강

목욕을 하다 부력의 원리를 깨달은 고대 그리스 철학자 아르키메데스.

문 수리점에 맞기거나 전문가의 도움을 받아야 합니다.

목욕탕에서 부력의 원리를 깨달은 아르키메데스가 "유레카!"를 외치며 기뻐했던 시절의 과학은 순수한 호기심의 결과물이었습니다. 자연의 진리를 찾아내 체계적으로 기록하는 학문이었죠. 돈벌이와 별 관련이 없었어요. 지금은 어떤가요? 요즘 과학은 순수 학문의 영역을 넘어섭니다. 그걸 업으로 하는 사람들이 전문적인 연구를 거듭하면서 돈벌이에 기여하니까요.

그러고 보니 요즘은 과학과 기술을 한데 모아 '과학 기술'이라고 부를 때가 많습니다. 과학이 곧바로 실생활과 연결되는 거예요. 인류가 농경 사회를 거쳐 자본주의 사회를 맞으면서 이런 현상이 가속화되었습니다. 오늘날 과학 기술은 많은 투자를 필요로 하는 작업이 되었습니다. 나라에서는 우주 개발을 위해 과학 기술에 '투자'를 하고 기업에서는 신제품을 개발하기 위해 기술 개발에 투자합니다.

이제 과학 기술은 투자하는 사람이 누구냐에 따라서 그 결과가 달라지는 모습을 보이게 됐어요. 돈을 많이 벌고 싶은 기업인이 투자한 과학 기술이라면 당연히 소비자의 선택을 받을 만한 결과물을 원할 겁니다. 군사력을 키우고 싶은 나라에서 지원하는 과학 기술이라면 당연히 무기 개발에 집중하겠지요. 그런 이유로 이제는 과학 기술이 가치 중립성을 주장하기가 어려워졌습니다. 도구에 불과했던 기술이 사용 결과까지 책임을 져야 하는 시대가 된 거예요.

환경적 측면에서도 이런 사례를 쉽게 찾아볼 수 있습니다. 대표적인 것이 유전자를 조작하는 데 쓰이는 생명 공학 기술입니다. 이런 기술을 적용해 좀 더 많이 수확할 수 있는 품종을 만들어 냈어요. 이렇게 개발한 씨앗을 특정 회사가 독점해서 공급합니다. 그런데 이렇게 생산성이 높은 작물이 퍼지면서 과거 조상이 물려준 씨앗으로 여러 농작물을 심던 농부는 설

미래 세대를 위한 녹색 특강

자리를 잃게 돼요. 그리고 한번 이 씨앗을 사서 쓴 사람들은 예전으로 돌아가지 못해요. 유전자 조작 작물은 스스로 다음 세대를 위한 씨앗을 만들지 못합니다. 새로 농사를 지으려면 다시 회사에서 씨앗을 사야 해요.

문제는 또 있습니다. 이 품종을 기를 때 잡초와 해충을 제거하려면 특정 농약을 뿌려야 하는데요. 이것도 씨앗을 개발한 그 회사 제품이에요. 회사로서는 씨앗도 팔고 농약도 팔아 두 배로 수익을 남기는 셈이지요. 가장 큰 문제는 특정 유전자를 지닌 작물이 지배종이 되면서 생물 다양성을 해치고 생태계를 파괴한다는 점입니다. 실제로 세계의 콩 농사는 최근 무척 단순해졌습니다. 미국계 다국적 기업인 '몬산토'가 만든 유전자 조작 콩이 세계 시장을 석권했거든요. 이 콩은 장소를 가리지 않고 똑같은 농사법을 요구합니다. 농지는 농약으로 오염되고 유전자 조작 농작물은 점점 병충해에 취약해졌어요.

유전자는 세포 안에 있는 핵으로 싸여 있습니다. 생명 공학은 이 세포핵을 파괴해 유전자를 조작합니다. 이런 기술은 다양하게 활용돼요. 세상에 없던 파란 장미도 그렇게 태어났습니다. 파란색 꽃의 유전자를 장미에 집어넣은 거예요.

2021년 유전자 조작으로 태어난 '황금 쌀'이 필리핀에서 처음으로 재배되기 시작합니다. 1990년 스위스 식물 유전학자

잉고 포트리쿠스에 의해 개발된 이 쌀은 옥수수 유전자와 비타민A가 포함되어 있습니다. 개발 초기에 비타민A가 함유되었다는 점을 적극 홍보했습니다. 그런데 이 품종이 처음 개발되었을 때 안전성 논란이 컸어요. 인위적으로 유전자를 조작한 작물인 만큼 앞으로 어떤 결과를 낳을지 모른다는 점 때문이었습니다.

생명 공학의 윤리성

생명 공학자는 유전자 조작으로 농산물과 가축의 질을 높이려고 합니다. 생산량이 늘어나면 기아 문제를 해결할 수 있을 것으로 기대해요. 또한 생명 복제 기술을 통해 질병을 치료하고 수명을 늘릴 수 있다고 믿어요. 하지만 현실은 그들의 상상과 반대로 흘러가고 있어요.

유전자는 생물마다 다르고, 같은 생물이라도 개체마다 다릅니다. 사람과 침팬지는 유전자가 99퍼센트 같다는데, 생김새는 전혀 다르죠. 유전자의 작은 차이가 그렇게 만들었을 겁니다. 유전자는 사람을 식별하는 데도 쓰여요. 이런 방법으로 한국 전쟁으로 헤어진 가족이나 해외로 입양 보낸 자식을 나중

미래 세대를 위한 녹색 특강

에 찾는 경우를 보았어요. 범죄를 해결하는 데도 쓰이죠. 현장에 떨어진 머리카락이나 혈흔에서 유전자를 감식해 범인을 찾는 데 활용합니다.

유전자 정보는 고유하고 민감한 개인 정보에 해당해요. 위의 상황처럼 좋은 목적으로 쓰일 수도 있지만 악용될 수도 있어요. 윤리적 문제도 늘 붙어 다닙니다. 범죄자를 찾아낸다면서 개인의 유전자 정보를 마음대로 뒤져 보게 한다면 사생활 침해 문제를 일으킬 수 있겠죠. 범죄자 유전자를 포착해서 그런 유전자를 가진 사람들을 미리 격리하는 일도 가능합니다. 영화에서나 나올 법하지만 불가능하지는 않아요. 실제로 우리나라는 범죄자를 유전자로 구별해서 차별하지는 않지만, 중범죄자의 유전자 검사 결과를 따로 보관하고 있어요. 이런 문제들 역시 윤리적·법적 판단을 요구하는 것입니다.

2007년 3월 인도의 한 방송사가 충격적인 현장을 소개합니다. 인도 시골 마을에서 일어난 사건인데요. 평소처럼 면화를 따고 남은 이파리를 먹인 양들이 떼죽음하는 일이 벌어졌어요. 코와 잎으로 피고름을 토하며 죽은 양이 3년 동안 무려 1만 마리 이상이었어요. 폐에 질산이 고이면서 생긴 비극이었습니다. 양을 죽음으로 몰아넣은 목화는 해충을 죽이도록 유전자를 조작한 품종이었습니다. 인도의 유전공학 승인위원회는 양들의 죽음이 유전자 조작 면화 때문이라고 결론 내리기 어렵다는 입장을 밝혔지만, 유해성 논란이 끊이지 않았습니다. 이 사건은 우리나라에도 소개되면서 유전자 조작 작물에 대한 경각심을 높여 주었어요.

유전자 조작 목화를 개발한 미국계 다국적 기업은 양이 잎을 먹을 거라는 예상을 전혀 하지 못했다고 합니다. 보통 미국에서는 그냥 버리니까요. 해충을 죽이려고 만들었는데 양이 죽어 버린 겁니다. 과연 사람에게 안전할지 장담할 수 없는 상황이 벌어진 거예요.

이런 사례는 많습니다. 2004년 영국 BBC 방송은 유전자 조작 옥수수를 사료로 먹은 닭이 그렇지 않은 닭보다 두 배 이상 빠르게 죽는다고 보도한 바 있습니다. 유전자 조작 감자를 먹은 쥐의 뇌와 심장에 치명적 문제가 생겼다고 발표한 1998년 영국 과학자의 주장이 2006년에 다시 증명된 바 있고요.

우리나라는 유전자 조작 농산물을 많이 수입하는 국가입니다. 식용유 재료가 되는 콩과 옥수수는 물론이고 사료용 농산물도 거의 유전자 조작 작물이에요. 이걸 먹고 자란 가축은 우리 식탁에 오릅니다. 안전성이 검증되지 않은 작물로 만든 음식물이 우리도 모르는 사이에 널리 퍼지고 있어요. 시민 단체는 최소한 해당 제품이 유전자 조작 작물로 만들어진 사실을

미래 세대를 위한 녹색 특강

공개해야 한다고 요구합니다. 소비자의 알 권리와 선택권을 보장하라는 것이죠. 하지만 정부는 아직 여기에 대해 결론을 내리지 못하고 있습니다.

1996년 영국의 한 연구소에서 양을 복제했습니다. 암컷과 수컷 양의 난자와 정자를 채취해 실험실에서 수정시킨 뒤, 그 수정란 속의 핵을 제거한 자리에 A라는 양의 체세포 핵을 넣는 기술이었습니다. 그러니까 이를 통해 A라는 양이 두 마리가 되는 거예요. 이 실험은 성공했고 새롭게 태어난 양은 '돌리'라는 이름이 붙었습니다.

돌리는 자연스럽게 태어난 생명체가 아닙니다. 인위적으로 A를 복제한 것이니까요. 이후 세계에서는 이런 방식으로 태어난 동물들이 속속 등장합니다. 2017년 우리나라도 동물 복제에 성공합니다. 농촌진흥청 국립축산과학원에서 관세청 마약 탐지견 '네오'의 체세포를 복제해 두 마리의 강아지를 탄생시켰어요. 이 소식을 들은 사람들은 우리나라 유전 공학 기술 발전에 감탄했어요. 그러나 한편으로는 궁금했죠. 유전자 기술로 복제한 동물들은 정말 괜찮을까?

아직까지 이렇다 할 결론을 내리기는 힘듭니다. 더 지켜봐야겠죠. 하지만 이상 징후는 여러 차례 보고된 바 있어요. 2003년 2월 복제양 돌리는 태어난 지 6년 6개월 만에 안락사

스코틀랜드 국립 박물관에 전시되어 있는 박제된 둘리.

되었습니다. 일찍 늙는 조로(早老) 현상을 보이다 폐 질환에 걸려 죽음에 이른 것입니다. 평균 수명이 10~12년인 데 비하면 훨씬 이른 나이에 죽은 셈입니다. 사람들은 혹시 유전자 복제로 인한 부작용이 아닌지 의심했어요.

유전자 복제는 이미 오래전부터 윤리성 논란을 불러일으켰습니다. 사람이 인위적으로 생명을 좌우해도 되느냐 하는 것이 주된 물음이었어요. 또한 복제 과정에서 수정란이 희생됩니다. 한 생명이 태어날 기회를 잃은 것이지요. 윤리적일 수 없습니다. 감시가 소홀할 경우 악용될 소지가 있습니다. 동물

미래 세대를 위한 녹색 특강

복제가 언젠가는 사람으로 이어질 거라고 걱정하는 사람도 많아요.

2005년 2월 유엔총회에서 인간 복제에 관한 선언문을 채택합니다. 그 내용은 모든 형태의 인간 복제를 금지해야 한다는 것이었어요. 우리나라도 이에 따라 원칙적으로 인간 복제를 금지하고 있습니다. 그럼에도 일각에서는 치료 목적의 배아 복제 정도는 허용하자는 주장이 계속되고 있어요. 이를 잘 활용하면 난치병 치료 등에 활용될 수 있다고 주장합니다.

인간 복제가 아니더라도 이미 생명 공학 기술은 질병 치료에 많이 도입되고 있습니다. 예컨대 당뇨병에 쓰이는 치료 물질인 인슐린이 그렇습니다. 우리 몸에는 인슐린이라는 호르몬이 있어요. 위와 간 사이의 가늘고 긴 '이자'라는 장기에서 만듭니다. 이곳이 고장 나면 당뇨병이 생겨요. 당뇨병이 생기면 몸은 필요한 영양분을 제때 공급받을 수 없습니다.

예전에는 소나 돼지 등 가축에서 추출해서 썼는데 부작용이 많았어요. 요즘은 기술이 발달해서 사람 유전자가 들어간 미생물로 만듭니다. 인체 친화적이라 부작용도 거의 없어요. 하지만 이런 기술과 인간 복제는 차원이 다른 이야기입니다. 배아 복제에는 희생이 따릅니다. 윤리적 문제가 생길 수밖에 없어요.

1999년 4월에 흥미로운 뉴스가 있었어요. 산림청의 임목육종연구소에서 땅속 중금속을 흡수하는 나무를 개발했다는 것이었죠. 포플러나무에 중금속 흡착 능력이 좋은 개구리와 올챙이의 유전자를 합성해서 만든 거예요. 당시 언론은 이 나무를 오염 지역에 심으면 효과가 있을 거라고 추측했지만, 이를 확인한 뉴스는 아직 듣지 못했습니다.

2021년 9월 미국의 미국 시엔엔(CNN) 방송과 〈뉴욕 타임스〉는 생명·유전 공학 회사인 컬라슬이 매머드 복제 연구를 위해 약 1500만 달러를 투자받았다고 보도합니다. 시베리아에서 발견된 매머드의 뼈와 시체에서 유전자를 추출해 친척인 코끼리 세포와 함께 복제하겠다는 내용이었습니다. 그런데 이 뉴스를 보면서 저는 생각했어요. 도대체 '지금 매머드를 복제하는 게 무슨 의미가 있을까?' 하고 말이에요. 매머드가 살던 시대와 지금의 기후는 천지 차이입니다. 복제했다고 해도 잘 살 수 있을까요? 복제된 동물에 유전적 다양성이 없으니 환경 변화에 치명적입니다. 그저 동물원의 구경거리로 전락할 가능성이 커요.

유전자 조작 농산물이나 복제로 인한 생태계 교란은 당장 나타나지 않을지 모릅니다. 별문제가 없다고 보고 광범위하게 시행하다가는 예기치 못한 사태에 직면할 수 있어요. 모든

미래 세대를 위한 녹색 특강

살아 있는 생명은 자기 유전자를 재생산하기 때문이에요. 지난 수십 년간 여러 연구 결과에 의하면 조작된 유전자는 어김없이 생태계를 오염시켰어요.

오늘날 위기에 처한 지구는 결국 우리 인간이 책임져야 해요. 질병과 식량 부족, 생태계 파괴의 요인은 우리 인간의 탐욕이 가장 큽니다. 기술로 풀 문제가 아니에요. 식량의 합리적인 분배와 인구 조절, 그리고 생태계 복원이야말로 진정한 대안입니다. 땅과 생명을 살리는 유기 농업과 건강한 삶으로 질병으로부터 미래 세대를 보호해야 합니다.

생명 공학으로 광우병에 걸리지 않는 소를 개발할 수 있을까요? 그런다고 해서 문제가 해결될 수 있을까요? 이미 알려졌다시피 광우병의 원인은 사육 환경에 있습니다. 초식 동물인 소에 동물성 사료를 먹이자 이상이 생긴 거예요. 심지어 같은 종인 소의 내장을 사료로 만들어서 먹였어요. 끔찍한 일이지요.

광우병은 육식을 주로 하는 많은 이들에게 충격을 주었어요. 광우병 걸린 소고기를 먹은 사람도 비슷한 증상으로 죽은 겁니다. 영국에서 가장 많았고 프랑스, 미국, 캐나다에서 수백 명의 희생자가 거듭 나타나자 세계가 긴장했죠. 사실, 비슷한 사례가 이전에 있었어요. 가죽을 위해 사육하는 밍크를 빨리 키우려고 먼저 죽은 밍크의 살과 내장까지 먹었더니 비슷한 증세를 보이다 죽은 거예요.

광우병 유전자를 찾는 건 무척 어려워요. 그래도 광우병에 절대 걸리지 않는 소의 유전자를 찾았다고 가정해 보죠. 일반 수정란의 핵을 제거하고, 광우병에 걸리지 않는 소에서 떼어 온 핵을 넣습니다. 이 수정란을 다른 암소의 자궁에서 길러 내겠죠. 하지만 그렇게 해서 '만들어진' 소는 안전할까요? 광우병에 걸리지 않는다고 해서 다른 질병을 유발하지 않는다는 보장이 있을까요? 소가 광우병에 걸린 데에는 이유가 있습니다. 차라리 그 원인을 제거하는 게 빠르지 않을까요?

'개선'이 필요한 생명은 없다

텔레비전 예능 프로그램에서 가끔 '우월한 유전자'라는 말을 듣습니다. 키도 크고 외모도 수려한 출연자를 칭찬할 때 쓰더군요. 여기에는 '유전자 결정론'적 시각이 깃들어 있습니다. 이 논리를 조금 더 비약하자면, 이 사람은 태어날 때부터 그랬다, 그러니 그렇지 못한 사람들은 어쩔 수 없다는 얘기로 해석할 수 있겠네요. 물론 재미로 나눈 이야기일 뿐 실제로 그렇게

미래 세대를 위한 녹색 특강

믿는 사람은 많지 않겠지요. 하지만 이런 결정론적 사고는 우리 근대 사회를 오랫동안 지배했었답니다.

19세기 말 영국의 인류학자 프랜시스 골턴이 창시한 우생학에서는 인간의 재능과 특성이 유전된다고 봤습니다. 그러니까 잘난 사람 따로 있고 그렇지 못한 사람이 따로 있다고 믿었어요. 이런 논리는 열등한 인종은 가치가 없다는 데까지 이릅니다. 결국 백인 우월주의자들의 유색 인종 차별과 탄압에 동원되었지요. 현대에 와서 이런 논리는 '근거 없음'으로 드러났습니다. 이는 조금만 생각해도 금세 알 수 있어요.

우월함과 열등함을 나누는 기준은 자의적입니다. 시대와 역사에 따라서 변해요. 사람은 환경의 영향을 받기 때문입니다. 게다가 장단점도 제각각이에요. 이것을 하나의 기준으로 재단할 수는 없습니다. 농구 국가 대표 선수의 붓글씨 솜씨가 엉터리라고 비난할 수는 없는 노릇이에요. 책 읽고 글 쓰는 데 큰 키가 유리할 리 없습니다. 각자 잘할 수 있는 영역이 다릅니다. 심지어 그런 평가를 할 만한 자격을 갖춘 사람도 없어요.

어떤 한 사람의 가능성은 유전자만으로 결정되지 않습니다. 피아노 치는 재능을 타고난 사람도 평생 살면서 피아노 구경할 기회가 없다면 피아니스트가 되지 못하겠죠. 자신의 재능과 어울리는 환경을 만나야 합니다. 유전자는 '씨앗'과 같아서 좋은 환경에서 그 싹을 틔울 수 있습니다. 거꾸로 특정 환경에서 자기도 모르는 재능을 발견할 수도 있어요. 그것이 바로 인간만이 가지는 잠재력과 가능성입니다.

모든 생명체는 수많은 세포로 구성됩니다. 유전자가 같아도 이 세포들은 각자 하는 일이 달라요. 뇌세포와 심장 세포가 같은 일을 하지 않듯이 말이에요. 같은 유전자를 갖고 태어난 세포가 서로 다른 기관으로 분화하듯이 사람도 그렇습니다. 인생의 방향이 어디로 향하게 될지 알 수 없어요. 그리고 인간에게는 '의지'라는 게 있습니다. 그것은 우리 삶에서 환경이나 유전적 요인들을 극복할 만큼 큰 힘을 발휘하지요. 혈액형이나 눈동자 색은 유전자가 결정할지 몰라도 행복과 불행을 좌우하지는 못합니다.

지구를 위한 기술

시민과 소비자의 의견을 묻지 않고 일방적으로 진행되는 크고 작은 과학 기술 프로젝트도 예외가 아닙니다. 골프장과 스키장, 대용량 발전소와 대형 댐, 생태계를 파헤치는 고속도로가 그렇습니다. 난개발로 이어지는 토목 건축 사업, 대규모 갯

미래 세대를 위한 녹색 특강

벌 매립 사업도 과학 기술이 앞장섭니다. 정도의 차이는 있지만 이런 사업들은 지역 문화와 환경을 위기에 빠뜨립니다. 해양과 하천과 산림 생태계의 안정을 해치고, 수질 오염과 대기 오염을 유발합니다.

과학 기술이 만들어 낸 화학 물질은 잠재적인 위험을 인간에게 던져 줍니다. 지금 당장 유해성이 밝혀져 있지 않더라도 언제 어떤 형태로 우리를 위협할지 몰라요. 심지어 그 원인을 모른 채 오랜 시간 지내기도 합니다.

1910년경 일본 도야마현에서 발생한 이타이이타이병은 60년대 말이 되어서야 폐광석에서 강으로 흘러든 카드뮴이 원인이라는 것이 밝혀졌어요. 1956년경에 발생한 미나마타병 역시 인근 공장에서 배출한 수은이 원인이었습니다. 1960~70년대에 있었던 요카이치시 주민의 집단 천식 발병은 그 지역 석유 화학 공장에서 배출한 이산화황이 문제였습니다.

이런 사고는 전 세계에서 지금껏 이어지고 있어요. 1984년 인도 보팔시에서 있었던 가스 누출 사고는 그 피해자만 수십만 명에 이릅니다. 미국 다국적 기업인 유니언 카바이드 소유 공장에서 일어난 일이었어요. 우리나라에서도 이와 비슷한 사건이 있었습니다. 1991년 세상을 떠들썩하게 했던 낙동강

인도 보팔시에서 있었던 가스 누출 사고로 사망하고 불구가 된 사람들을 기리는 보팔 기념관.

페놀 유출 사건이 바로 그것이에요. 30여 톤에 이르는 유독 물질이 유입되면서 이 지역 주민들이 큰 피해를 보았습니다. 이 사건은 환경 오염의 심각성을 일깨우는 중요한 계기로 기록되었어요.

생활의 편리를 가져다줄 것으로만 생각했던 기술이 역으로 우리의 생명을 위협한 사건들입니다. 통제되지 않은 기술은 유해 물질과 쓰레기 더미로 변할 수 있습니다. 사람들이 편리와 이윤만 생각하기 때문이에요. 그렇다면 이런 문제를 어떻

미래 세대를 위한 녹색 특강

게 풀 수 있을까요?

어떤 사람들은 기술의 문제를 기술로 해결하려고 합니다. 유전자 조작 작물이 문제라면 더 나은 유전자 조작 작물을 만드는 식이에요. 그런 사람들은 또한 '허용 기준치' 같은 신화를 만듭니다. 그 이상이 아니면 상관없다는 생각이에요. 하지만 그게 정말 과학적으로 안전한지는 알 수 없습니다. 미래에 벌어질 일을 지금의 '기준치'로 어떻게 모두 알 수 있겠어요. 게다가 그 기준치라는 것이 상당히 자의적입니다.

2011년 후쿠시마 핵 발전소 폭발로 광범위한 지역이 방사능에 노출되자 일본 정부와 도쿄전력은 아예 허용 기준치를 바꿉니다. 사실상 '기준'이 아무 의미가 없어진 것이에요. 우리는 일본 정부가 태평양에 버리는 후쿠시마 오염수가 얼마나 안전한지 정확하게 파악하지 못합니다. 그저 일본 주장을 근거로 짐작할 따름이지요.

유전자 조작 감자를 먹인 실험용 쥐에 암이 생겼다는 소식이 1988년 영국에서 들렸지만, 우리나라에는 여전히 감자와 콩, 옥수수 등 많은 양의 유전자 조작 작물들이 수입됩니다. 인체에 어떤 해가 있는지 앞으로 어떻게 될지 시민과 소비자는 모릅니다.

과학 기술은 연구를 거듭하며 개선됩니다. 수돗물 속에 있는 바이러스 검출 방법을 새롭게 찾아내기도 하고 개발 당시는 몰랐던 화학 약품의 부작용을 밝혀내기도 해요. 중요한 것은 이러한 과학 기술을 민주적으로 통제할 수 있어야 한다는 점이에요.

또 하나 중요한 것은 기술에 대한 맹신입니다. 항생제를 예로 들어볼까요? 인류가 항생제를 개발해 낸 이후 인간의 수명은 크게 늘었습니다. 그만큼 질병으로부터 안전해졌기 때문이에요. 하지만 이런 항생제가 잘 듣지 않는 '슈퍼 바이러스'가 새로 생긴 것도 사실이에요.

모든 생명체는 환경에 적응합니다. 제아무리 강한 항생제라도 모든 바이러스를 박멸하지 못해요. 오히려 더 진화한 바이러스를 만들어 내는 계기가 됩니다. 코로나19 사태를 통해 우리는 그 사실을 충분히 알게 되었어요. 우리가 백신을 맞는 동안 코로나 바이러스도 변이를 거듭했잖아요. 어쩌면 해결 방법은 기술이 아닌 환경에 있을지도 몰라요. 우리가 건강한 생태계를 되찾는다면, 평소 운동을 열심히 해서 우리 몸의 면역 기능을 올린다면, 질병에 강해질 수 있지 않을까요? 모든 질병이 그렇듯이 치료만큼이나 예방이 중요합니다.

유전자 조작 작물의 안전성을 평가할 때 '실질적 동등성 원칙'이라는 것이 적용됩니다. 기존 것보다 새로 개발한 것의 위

　　　　　　　　　　　　미래 세대를 위한 녹색 특강

험성이 더 크다는 증거를 찾을 수 없다면 '실질적으로 동등한 것'이므로 시장에 내놓아도 된다는 것입니다. 한마디로 '예전에도 문제없었으니 괜찮다'는 논리예요. 여기에 대항하는 논리도 있습니다. 바로 '사전 예방 원칙'이에요. 안전하다는 것이 과학적으로 확인될 때까지 판매를 보류해야 한다는 논리입니다. 앞엣것이 개발 회사의 입장을 반영한다면 뒤엣것은 소비자로서 당연히 보장받아야 할 원칙입니다.

과학 기술은 완벽하지 않습니다. 인류 역사상 그래본 적이 한 번도 없어요. 개발한 제품이 어떤 위험성을 갖고 있는지 100퍼센트 입증할 수 없을뿐더러 앞으로 어떤 결과를 낳을지도 완벽히 예측할 수 없습니다. 과학 기술이 겸손해야 하는 이유예요. 모든 가능성을 열어 놓고 진지하게 성찰해야 합니다.

과학 기술을 거부하자는 뜻이 아닙니다. 오히려 과학 기술이 올바른 길로 갈 수 있게끔 민주적으로 통제하자는 이야기입니다. 개인이나 특정 세력이 독점한 과학 기술은 위험해질 수 있습니다. 이윤을 목표로 하는 과학 기술은 안전 검증을 최소화하려고 할 거예요. 올바른 과학 기술은 오히려 이런 문제를 예방하는 것이어야 합니다.

예를 들자면, 음식물 쓰레기나 축산 폐기물을 바이오가스와 유기질 퇴비로 만들어 활용하는 방법을 연구할 수 있을 겁니다. 바람이나 태양 같은 재생 가능한 에너지를 지역 규모에 맞게 개발하는 것도 가능하겠지요. 사실 이런 것들은 이미 선진 민주주의 국가에서 하고 있는 것들입니다.

우리는 더 이상 오남용된 과학 기술로 지구 생태계가 위협받는 일을 방치해서는 안 됩니다. 이로 인해 사회적 약자와 미래 세대가 위협받는 상황을 외면할 수 없어요.

최근에는 기존 과학 기술에 '사회' 개념을 더해 '과학 기술 사회'(Science, Technology, and Sociology, STS)를 주장하는 사람들도 있습니다. 과학 기술에 대한 논의를 전문가가 독점할 게 아니라 사회 구성원이 함께해야 한다는 주장입니다. 환경은 곧 생명입니다. 과학자들도 지구촌의 일원으로 이를 실천하는 데 동참해야 해요.

미래 세대를 위한 녹색 특강

우리가 꿈꾸는 녹색 미래

3부

7

녹색으로
거듭나는 도시

    인천 변두리에서 태어나 60대 나이가 되도록 인천을 떠나지 않은 저는 인천이 어떻게 대도시로 변화했는지 어렴풋하게 기억합니다. 초등학교에 입학했던 1960년대 중반은 인구 30만 도시였는데, 요즘 300만을 오르내립니다. 현재 우리나라 인구의 90퍼센트는 도시에 살아요. 여러분은 '도시' 하면 무엇이 떠오르나요?

'사람의 얼굴'을 잃은 도시

인천의 한 언론사는 해마다 어린이를 대상으로 '도시 그리기 대회'를 열어요. 이때 전시 작품을 본 적 있는데, 여기에도 높은 건물과 자동차가 넘치는 도로가 등장했습니다. 특이하게 드론 택시가 떠다니는 그림도 있었어요.

도시는 늘 바쁩니다. 속도가 생명이에요. 자동차도 사람도 빨라야 합니다. 어른들은 서둘러 아침을 먹고 허둥지둥 직장으로 향합니다. 학생들도 바쁘긴 마찬가지예요. 학교 수업이 끝나도 학원에 가야 합니다. 어른 아이 할 것 없이 경쟁도 치열하죠. 더 빨리 더 일찍 시작하지 않으면 뒤처진다고 생각합니다. 항상 긴장에 휩싸여 있죠. 스트레스가 이만저만이 아닙니다. 그래서일까요? 도시의 삶은 늘 지치고 피곤해요. 그래서 많은 도시 사람이 느긋한 일상을 꿈꿉니다. 저처럼 농촌의 기억이 있는 어른은 어린 시절 구불구불한 마을 길에서 만난 이웃을 떠올린답니다. 언제나 다정한 눈길을 던져 주었는데, 아련하네요.

예전 인천 변두리는 농촌과 도시가 섞여 있었어요. 좁고 구불구불한 마을 길에 버스와 우마차가 함께 다녔죠. 그러다 사람이 모여들면서 논밭이 메워지고 그 위에 주택이 들어섰어요. 과수원 자리에 공장과 건물이 생기더군요. 길은 직선으로 곧게 정비되고, 더 넓어지고, 아스팔트로 포장되었습니다. 그러면서 우마차는 자연히 사라졌어요. 우리는 그 길을 '신작로'라고 불렀습니다. '새로 만든 길'이라는 뜻이에요.

옹기종기 지붕을 맞댄 골목길을 지나면 신작로가 나왔습니다. 어른은 그곳에서 버스를 기다리고 우리는 학교를 향해 뛰었죠. 마을에서 신작로까지 이어지던 골목길은 우리들의 놀이터였답니다. 학교를 파한 아이들은 집에 오자마자 책가방을 집에 던져 두고 친구들이 기다리는 그곳으로 뛰어갔어요.

새천년을 앞둔 1999년, 환경 운동 단체인 '풀꽃세상을 위한 모임'은 서울 인사동의 골목에 제4회 '풀꽃상'을 수여합니다. 그때 이런 심사평을 남겼어요. "속도와 큰길의 가치만 거룩하게 바라보는 메마른 땅에서, 한줄기 개울처럼 우리를 느긋하고 고즈넉하게 함으로써 잃어버린 '사람의 얼굴'을 회복시켜주는 길이다."

고층 아파트가 즐비한 요즘 도시에서는 이런 골목길이 통 보이지 않아요. 아파트 단지 앞은 자동차가 질주하는 아스팔트 도로가 차지했습니다. 빠를수록 높을수록 넓을수록, 도시는 도시 바깥의 도움을 받아야 해요. 큰 덩치를 유지하는 데 필요한 물질과 에너지 대부분을 다른 지역에서 가져오기 때문이에요.

도시와 소비

도시는 사막입니다. 무슨 뜻인지 얼른 이해하기 어렵나요? 수도꼭지를 틀면 언제든 따뜻하고 시원한 물이 나오지만, 이 물은 원래 도시의 것이 아닙니다. 거미줄 같은 수도관을 통해 아주 먼 곳에서 가져왔어요. 콘크리트와 아스팔트로 뒤덮인 도시는 빗물을 모으지 못해요. 비가 그치면 금방 마르죠. 마치 사막처럼 말이에요.

빗물은 내리자마자 어디론가 흘러갑니다. 도로 가장자리를 보면 흘려보내는 통로가 있어요. 하지만 갑자기 많은 비가 내리면 도로와 주택이 침수됩니다. 숲이나 산처럼 흙이 빗물을 흡수하지 못하기 때문이에요. 최근에는 이런 일이 더 많아졌습니다. 기후 변화로 폭우가 빈번해졌습니다. 갑자기 많은 양의 비가 내리면 속수무책입니다.

한편 도시는 블랙홀입니다. 주위의 자원을 모두 빨아들여요. 마실 물뿐만 아니라 음식 재료 그리고 이를 조리할 전기와 가스도 모두 외부에서 가져옵니다. 그리고 써 버린 자원은 모두 쓰레기가 되어 도시 바깥으로 배출됩니다.

또한 도시는 섬처럼 외부로부터 단절되어 있어요. 우리가 집이나 학교, 음식점 혹은 편의점에서 먹는 모든 음식의 재료

미래 세대를 위한 녹색 특강

©대한민국역사박물관

서울 여의도의 고층 빌딩들.

인 농축산물 대부분은 도시 밖에서 키웁니다. 도시 사람들은
그저 먹을 뿐이에요. 농작물을 키우는 데 얼마나 많은 사람이
땀 흘렸는지 알지 못해요. 도시의 밤을 환하게 하는 전기도 그
렇습니다. 사람들은 이 전기가 어디서 어떻게 만들어졌는지
거의 모릅니다.

도시는 갈수록 화려해집니다. 건물은 하늘을 찌를 듯 높아 져만 가요. 우리나라에도 100층 넘는 건물이 수두룩합니다. 2007년 미국 신문 〈뉴욕 타임스〉는 한국을 비롯해 중국과 동남아, 그리고 아랍권 여러 국가의 고층 건물을 취재했습니다. 그러면서 이를 "선진국을 향한 열망"이라고 표현했어요. 하지만 15년이 넘는 시간이 흐른 지금, 여전히 고층 건물이 '선진국'을 상징할까요? 적어도 환경을 생각하는 사람이라면 동의하지 않을 것입니다.

높은 건물일수록 더 많은 에너지를 소비해요. 하루라도 빨리 탄소 배출을 줄여야 하는 이 시점에 그런 건물들이 많아진다는 건 결코 자랑이 아닙니다. 오히려 다른 나라에 미안한 일이죠.

흙과 가까워지기

도시에서 자란 아이들은 자연에서 뛰놀 기회가 많지 않습니다. 아파트와 학교, 그리고 학원은 모두 콘크리트 건물이라 주변에 흙도 모래도 없으니까요. 그래서 자꾸 감기에 걸려요. 추위도 잘 타고 체격에 비해 몸이 약하다는 소리를 많이 듣습니

미래 세대를 위한 녹색 특강

다. 거리는 깨끗이 소독되어 있고 집에 오면 손도 잘 씻는데 왜 자꾸 감기에 걸리는 걸까요? 어떤 의사들은 도시의 삶이 면역력을 오히려 떨어뜨렸다고 말합니다. 자연에서 생활하는 사람은 몸을 자연의 흐름과 일치시킵니다. 그래서 더위와 추위에 강해요. 하지만 도시에는 계절조차 없습니다. 여름에는 에어컨을 틀고 겨울에는 보일러를 돌리니까요.

요즘 아토피로 고생하는 어린아이들도 늘고 있는데요. 이런 질환 역시 도시의 삶에서 유래했다고 설명하는 사람이 있습니다. 실제로 자연에서 흙을 만지며 놀면 어린이의 면역력이 높아진다는 핀란드의 연구가 한 신문을 통해 알려지기도 했어요. 어떤 어린이집은 마당을 숲과 비슷하게 꾸미고, 하루 한 시간씩 한 달 동안 나무를 심고 흙을 헤치면서 놀게 했다네요. 그러자 아토피 증세가 확연히 개선되었다고 해요. 흙에 사는 미생물, '프로테오박테리아' 덕분이었습니다. 콘크리트로 덮인 도시에 흙을 다시 깔아 자연을 회복시키면 어린이의 많은 병을 예방할 수 있다고 핀란드 학자가 제안했다고 신문은 전했습니다.

우리나라에서도 비슷한 실험이 있었습니다. 강화 유기농 마을에 아이들이 모여듭니다. 도시에서 자란 아이들인데요. 모두 피부가 거칠게 부어오르는 등 아토피 증세가 심했습니다.

이들은 가려움을 이기지 못해 짜증을 내면서도 꾸준히 흙과 함께 생활했어요. 그렇게 유기농 마을 어린이집에서 6개월을 머물자 피부가 눈에 띄게 나아졌다고 해요. 덕분에 아이들 성격도 상냥해졌다고 해요. 도시에서 병원을 전전하며 온갖 치료를 받았지만 소용이 없던 아이도 수소문 끝에 찾아온 이곳에서 병이 나은 거예요. 지역에서 재배한 제철 유기 농산물을 먹으며 산과 들에서 뛰어놀자 생긴 변화라고 합니다.

도시의 어린이들은 예전처럼 흙을 만지며 놀기 힘듭니다. "두껍아 두껍아, 헌 집 줄게 새집 다오." 하고 흙을 두드리며 노래하던 장면은 이제 옛이야기가 되었습니다. 하지만 지금도 늦지 않았습니다. 도시에서 조금만 벗어나도 흙은 여전히 그 자리에 있으니까요. 주말이면 교외에 나가 땅을 밟아 보세요. 가능하면 집 안에 텃밭을 만들 수도 있겠네요. 직접 기른 채소로 요리하면 기쁨이 두 배입니다.

땀 흘리며 기른 농작물은 멀리서 실어 온 것이 아니기 때문에 탄소 배출 걱정도 없어요. 그뿐인가요? 흙을 만지다 보면 그 안에 있는 유익한 세균들이 우리를 건강하게 할 거예요. 이처럼 흙은 사람과 도시 모두를 건강하게 만듭니다.

미래 세대를 위한 녹색 특강

자동차 없는 도시 상상하기

도시를 오가는 수많은 자동차들은 온실가스를 배출합니다. 물론 친환경 차도 있고 전기 차도 있지만 아직도 내연 기관으로 움직이는 자동차들이 다수예요. 2022년 현재 우리나라에 등록된 자동차 수는 약 2500만 대입니다. 그중 친환경 차는 136만 대쯤 돼요. 겨우 5.4퍼센트밖에 안 됩니다. 나머지 차들은 여전히 온실가스를 내뿜으면서 달리고 있는 셈이지요. 그러니 전 세계로 치면 얼마나 많겠어요. 기후 위기를 막으려면 자동차부터 줄여야 합니다. 가능하면 아예 없애는 것도 좋겠지요. 그럴 수 없다면 지금 있는 차를 꼭 필요할 때만 타는 겁니다.

먼 거리라면 버스나 지하철 같은 대중교통을 이용하고, 가까운 길은 자전거나 도보로 이동하는 거예요. 그만큼 온실가스 배출이 줄어들겠지요. 걷기는 건강에도 좋습니다. 매일 꾸준히 걷기를 하면 체육관에서 운동하는 것만큼이나 도움이 될 거예요. 시간이 오래 걸린다고요? 그러면 약속 시간 전에 여유 있게 출발해 보세요. 일찍감치 도착해 카페에서 차를 마시며 책을 읽을 수도 있을 거예요. 어쩌면 우리에게 필요한 것은 시간이 아닌 여유일지도 몰라요. 관점을 바꾸면 세상이 새롭게 보입니다.

이와 관련해서 영국에서 있었던 일화를 소개합니다. 한 건설 회사에서 런던 교외의 주택 단지에 아파트를 지어 분양했습니다. 이 아파트 건축을 허가해 준 시에서는 한 가구당 두 대의 주차 공간을 권장했습니다. 그런데 이 아파트를 설계한 사람은 생각이 조금 달랐어요. 반대로 두 가구당 한 대의 주차 공간만 만들고 나머지는 텃밭과 정원으로 꾸몄습니다. 그런데 놀랍게도 이 아파트는 분양하자마자 모두 팔려 버렸다고 해요. 불편하지 않았을까요? 입주자들 상당수가 자전거를 타고 다녔다고 하니 주인을 제대로 만난 셈이죠.

자전거는 생각보다 먼 거리를 오갈 수 있습니다. 운동한다 생각하고 편하게 이용할 수 있어요. 안전한 자전거 도로와 주차 공간이 마련되면 더욱 좋겠지요. 유럽의 도시처럼 자전거 도로와 보행자 도로 사이에 키 작은 나무나 풀을 심으면 보기에도 좋을 것 같아요. 자전거 타는 사람이 늘면 지방 자치 단체에서도 편의 시설 마련에 좀 더 적극적으로 나설 겁니다.

프랑스 파리의 안 이달고 시장 이야기를 해 볼게요. 2014년 파리 시장에 당선된 이분은 자동차 줄이기에 적극적으로 나섭니다. 기존의 자동차 주차장을 자전거 주차장으로 바꾸고 시내 자동차 주행 속도를 시속 30킬로미터로 제한했어요. 자동

미래 세대를 위한 녹색 특강

차 중심의 도로를 보행자와 자전거가 중심이 되도록 전환하고 있어요. 사람들은 깜짝 놀랍니다. 세계적인 도시 파리에서 이런 파격적인 정책을 실행할 줄은 꿈에도 몰랐거든요.

다른 나라 사례이긴 하지만 부러운 마음입니다. 우리나라 도시는 여전히 자동차 위주거든요. 파리뿐만이 아닙니다. 유럽의 많은 도시가 보행자 위주의 친환경 교통 정책을 속속 도입하고 있어요. 많은 도시에서 도로에 중앙선 대신 나무를 심었습니다. 그러자 충돌 사고가 사라졌죠. 가장자리 차선은 자전거에 양보하게끔 해서 전체적으로 도로가 안전하고 깨끗해졌어요.

유럽과 중남미의 많은 도시는 주말이나 저녁 시간에 차량 통행을 제한합니다. 처음에는 지역 상인들이 항의했지만 자전거를 타거나 걸어서 찾아오는 사람들이 늘자 이제는 환영 일색이라고 해요. 차가 다니지 않는 도로에는 악기를 연주하는 시민, 화가, 노래하는 사람들이 축제를 벌입니다.

우리나라도 '지구의 날'이나 '환경의 날'에 '차 없는 날' 행사를 합니다. 그럴 때면 널따란 도로를 사람들이 즐겁게 걸어 다녀요. 보기 좋은 모습입니다. 차 대신 걷기를 택하면 그동안 의식하지 못했던 색다른 풍경도 만끽할 수 있어요. 동네의 아기자기한 가게들이 눈에 띄고, 가로수와 근린공원을 누비는 직박구리와 청설모가 보여요. 그런 환경이 더 많아졌으면 좋겠습니다.

미래 세대와 소통하는 도시

예전에 독일을 방문했을 때 베를린의 작은 아파트 단지를 찾아간 적이 있습니다. 경사가 완만한 곳에 지은 아파트 사이로 작은 시내가 흐르더군요. 어린아이가 그곳에서 발을 적시며 아장아장 걸어가고 있었어요. 알아보니 처음부터 그랬던 것은 아니라고 합니다. 마을 이웃들이 모여 2년 넘게 회의한 끝에 만들었다고 해요. 저를 놀라게 한 것은 이뿐만이 아니었습니다. 이 아파트 단지는 친환경적인 주거 환경을 실천하고 있었어요.

교회의 낡은 지붕에는 태양광 발전 패널이 붙어 있었고 마을 한곳에 따로 풍력 발전기를 설치해 탄소 배출 없는 친환경 전기를 얻었습니다. 제가 본 시냇물은 인공 하천으로, 이렇게 만들어진 전기로 저수지 물을 끌어와 조성한 것이었어요. 그 길이가 100여 미터 정도였는데요, 주위에 나무를 심어 주민들이 모여 편하게 자연을 즐길 수 있게끔 했지요.

미래 세대를 위한 녹색 특강

그런 장면을 떠올릴 때마다 우리도 못 할 것이 없다는 생각이 듭니다. 넓지 않은 공간이어도 좋습니다. 잠시 산책하면서 반가운 이웃을 만날 수 있는 작은 공간이면 충분합니다. 꽃을 심으면 나비가 찾고, 나무를 심으면 새와 다람쥐가 모입니다. 빗물을 모아 정화해 호수에 담고 태양광으로 생산한 전기로 불을 밝힐 수 있다면 더욱 좋겠지요. 휴식은 물론이고 생태 교육의 장소로 활용할 수 있습니다. 이런 공간은 지구 온난화를 막는 데 도움을 줄 뿐 아니라 시민의 건강에도 좋습니다.

아파트는 우리나라의 대표적인 주거 형태입니다. 갈수록 높아져서 지금은 20층만 해도 저층에 속해요. 요즘은 50층 가까운 초고층 아파트들이 계속 들어서고 있습니다. 고층 아파트가 전망은 좋을지 몰라도 불편한 점이 이만저만이 아니에요. 창문도 열 수 없고 나무 그늘도 없으니 온전히 에어컨과 보일러에 의지해야 합니다. 걸어서 올라가기는 꿈도 못 꿔요. 정전이라도 되면 어쩌나 하고 걱정이 될 정도입니다.

1990년대 말인데, 대구에서 시민 운동하던 분의 경험을 소개해 볼게요. 옛날에 30여 가구가 모인 동네에서 '담 허물기' 운동이 벌어졌대요. 그랬더니 새로운 마을로 변하더랍니다. 외동인 아이들에게 형제자매가 생기고 삼촌과 이모가 늘어났죠. 눈 맞추며 반기는 할머니와 할아버지도 여럿인 마을로 바뀐 겁니다. 밤낮없이 주차한 차들로 빼곡하던 공간을 화단으로 꾸미자 마을 사람들이 모이는 광장으로 변신했대요. 그 후론 아무도 이사 가고 싶어 하지 않는 삶의 터전이 되었다고 합니다. 이런 일이 지금도 가능하지 않을까요?

미래 세대를 위한 녹색 특강

8

눈앞에 다가온
식량 위기

2022년 여름 유럽은 가뭄이 무척 심했습니다. 독일과 체코 사이를 흐르는 엘베강에 400년 만에 '헝거 스톤'이 모습을 드러냈을 정도였으니까요. 우리말로 '굶주린 바위' 정도로 해석할 수 있는 이 바위는 심한 가뭄으로 강이 마르면서 겉으로 드러났어요. 강이 마르면 농작물이 자랄 수 없으니 사람들이 굶주립니다. 그래서 붙여진 이름입니다.

400년 만에 찾아온 가뭄

오래전부터 가뭄을 경고하기 위해 독일 등 중부 유럽 나라에서 라인강 줄기를 따라 이런 바위에 연도와 문구를 새겼다고 하는데요. 이번에 등장한 헝거 스톤은 1616년에 만들어진 것으로 "내가 보이면 울어라!"라는 글자가 선명했다고 합니다. 그나마 당시와 지금의 차이는 아무리 가뭄이 심해도 굶주리는 사람은 훨씬 적어졌다는 점을 꼽을 수 있겠네요. 지하수를 끌어오거나 식량이 부족해지면 다른 나라에서 수입해 오면 되니까요.

하지만 이번에 그 모습을 드러낸 '헝거 스톤'은 가뭄만 알리는 게 아니었어요. 기후 위기가 인간의 기본 생존 조건인 먹을거리를 위협하는 재난이라는 사실을 다시금 상기하게 했으니까요. 최근 이상 고온 현상으로 러시아에서 산불이 자주 발생하고 있습니다. 이로 인해 주요 식량인 밀 생산에 차질을 빚고 있어요. 러시아는 세계 밀 시장의 20퍼센트를 차지하는 세계 최대 밀 수출국입니다. 그런데 2010년에는 산불로 인해 밀 생산량이 3분의 1로 줄었다고 해요. 러시아는 그해 밀 수출을 금지했습니다. 그러자 러시아의 밀을 수입하던 아프리카 여러 나라에서 굶주리는 사람이 늘면서 폭동이 일어났어요.

미래 세대를 위한 녹색 특강

2011년 모로코에서 일어난 시위 장면.

    2022년 11월 중순, 세계 인구는 80억을 돌파했습니다. 그 많은 사람이 먹을 식량은 충분할까요? 지금까지는 풍족했습니다. 전 세계 사람을 먹여 살릴 만큼 식량을 키울 수 있었지요. 물론 불평등한 세계 경제 구조상 식량은 남아돌아도 항상 굶주리는 사람은 있었습니다. 비만이 많을 정도로 음식이 넘치는 국가가 있고 비참할 정도로 굶는 사람이 많은 지역이 있죠. 생산은 충분한데 분배가 제대로 되지 않은 탓이에요. 그러나 기후 위기가 본격화하면서 사정이 달라졌어요. 생산 자체에 차질이 생기기 시작했습니다. 지나친 개발로 농토가 줄어들고 땅 자체도 각종 농약과 유전자 조작 작물 등의 영향으로 황폐해지고 있어요.

사정이 이렇게 되자 '식량 안보'가 중요한 화두로 떠오릅니다. 지금은 수입해서 먹을 수 있지만 언제 어떤 식으로 공급이 끊길지 몰라요. 이를 대비해서라도 나라마다 먹을거리를 확보해야 합니다. 제2차 세계 대전 이후 프랑스 대통령이 된 드골은 "국가의 독립은 식량 자급에서 시작된다"라고 말했습니다. 그의 노력으로 전후 프랑스는 식량을 100퍼센트 자급하는 국가가 되었습니다.

필리핀의 경우는 그러지 못했습니다. 이 지역은 벼농사가 잘되어 항상 쌀이 풍족했어요. 그런데 공업화를 추진하면서 농토를 밀어내고 그 자리에 공장을 지었습니다. 공산품을 수출해서 그 돈으로 식량을 수입해 먹는 게 낫다고 판단한 거예요. 하지만 수출이 부진해지면서 식량을 사 올 돈이 부족해지자 굶주리는 사람이 생겼어요. 필리핀 사람들은 부랴부랴 농지를 확보할 수밖에 없었죠.

우리나라도 대표적인 식량 수입국 중 하나입니다. 식량 자급률은 경제 협력 개발 기구(OECD) 국가 중에서도 가장 낮은 수준이에요. 통계청 자료에 따르면 2000년 30.9퍼센트에서 2020년 19.3퍼센트로 하락했다고 합니다. 그나마 쌀 자급률

미래 세대를 위한 녹색 특강

이 90퍼센트를 넘지만 다른 작물은 거의 수입에 의존해요. 이런 상황에서 기후 위기가 심화되고 각종 재해로 세계 식량 생산량이 줄어들면 어떻게 될까요? 앞서 러시아의 사례처럼 수출을 금지하는 경우가 속출할 겁니다. 우리처럼 식량을 수입해 먹는 나라는 곤란해질 수밖에 없어요. 지금도 가뭄과 폭염 등이 발생하면 곡물 가격이 출렁입니다. 그럴 때마다 다른 나라의 눈치를 보아야 해요. 식량 자급률이 높은 나라들은 그럴 필요가 없겠지요. 식량 사정만 본다면 한국은 독립 국가가 아닙니다. 기후 위기 시대에는 식량 자급에 좀 더 노력할 필요가 있어요.

석유로 키우는 먹거리

각종 농약과 유해 물질에 노출된 요즘 유기 농산물에 대한 관심이 높습니다. 사람들은 흔히 '유기농' 하면 고급 농산물로 인식해요. 값이 비싸다는 인식이 강해서일까요? 하지만 실제로 마트에 나가 보면 농약으로 키운 작물과 큰 차이가 없다는 걸 확인할 수 있어요.

유기 농산물은 농약과 화학 비료를 사용하지 않아 안전한 농산물입니다. 고유의 맛을 잃지 않아 맛있고, 농약을 사용하지 않아 안전해요. 하지만 일반 재배법과 달리 키우는 데 노력이 많이 들어갑니다. 농약 한 번 치면 끝날 일을 사람이 계속 지켜보고 이것저것 관리를 해 줘야 하니까요. 논밭에서 일일이 김을 매야 하고 해충이 싫어하는 천연 약제도 만들어서 그때그때 쫓아내야 하죠. 그러다 보니 대량 생산이 어렵습니다. 시장에 내놓는 농작물이 많지 않으니 수요를 따라잡기 힘들죠. 생산비도 일반 농법 작물보다 많이 들어가요. 하지만 미리 일정 금액을 보장해 주는 계약 재배라든가 조합원 판매 등을 통해 실제 소비자들이 부담해야 할 가격은 그리 높지 않아요. 유기 농산물은 생태계를 해치지 않고 건강하게 생산된 농산물입니다.

우리 먹을거리는 자연과 깊이 연결되어 있습니다. 농작물이 땅에 영양분을 내놓으면 미생물은 그걸 먹고 농작물 성장에 필요한 영양분을 공급해요. 서로 상생하는 것이죠. 이런 상생의 원리는 작물을 키우는 사람에게도 전해집니다. 서로 도와 일하면서 마을에 정이 흐르게 하고 지역의 문화와 역사를 미래 세대에 전해요. 우리나라 음식 문화가 지역에 따라 독특하게 이어져 내려온 것도 그런 이유 때문입니다. 농약과 화학 비료를 쓰는 농업은 자연과의 연결을, 기계를 사용한 대량 생산

미래 세대를 위한 녹색 특강

은 이웃과의 연결을 끊어 버려요. 안타까운 일입니다.

옛말에 "잘 먹고, 잘 싸고, 잘 자면 오래 산다"라는 말이 있습니다. 인간뿐만 아니라 동물과 식물, 그리고 미생물을 포함한 모든 생명이 그렇습니다. 전통 농업에서 사람이 밥을 먹고 배설한 똥오줌은 결코 쓰레기가 아닙니다. 비료가 되어 다른 생명을 길러 냅니다. 이런 식의 순환이 있기에 사람과 생태계가 두루 건강해지는 거죠.

모든 농작물에는 제철이 있습니다. 보통은 봄에 씨앗을 뿌려 가을에 수확하지요. 여름에 수확하는 과일이 있고 늦가을에 등장하는 작물도 있습니다. 이런 제철 음식이야말로 우리 몸에 좋은 보약이에요. 하지만 요즘은 비닐하우스나 공장형 농지에서 계절과 상관없이 생산되는 작물이 많습니다.

거대한 공장형 건물 안의 인공적인 조명 아래에서 농작물이 자라요. 그러면서 한편으로는 화학 비료와 농약 없이 키운 "친환경 유기 농산물"로 선전합니다. 하지만 정말 그런지 꼼꼼히 따져 볼 일이에요. 그렇게 농사를 짓는 데는 화석 연료를 소모해야 합니다. 인위적인 기온과 조명을 유지하려면 전기가 필요하니까요. 공장 자체를 짓는 데도 많은 에너지가 들겠죠. 한편으로는 자연의 바람과 햇살을 받지 못하는 인위적인 환경에서 작물들이 건강하게 자랄 수 있을지도 의문이에요.

그런 의미에서 보자면 공장형 농장은 친환경과는 거리가 멉니다. 자연스럽지 않기 때문이에요. 오히려 생태계와 단절됩니다. 스펀지 같은 물질에 씨를 심고 뿌리를 물에 적시는 '스마트 팜'에 흙은 없어요. 수확에 필요한 영양분을 계산하여 자동으로 방울방울 떨어뜨려 공급합니다. 그곳에는 자연과 사람이 없습니다.

자동화된 농장은 규격화된 농작물은 길러 냅니다. 그러지 않으면 효율성을 높일 수가 없어요. 기계를 쓰려면 정해진 크기의 작물로 만들어야 합니다. 보통 이러한 곳에서는 유전적 다양성 없이 단일 종을 하루종일, 사계절 내내 생산합니다. 그래야 투자한 만큼 이윤을 낼 수 있으니까요. 온습도와 밝기 등 자연 상태와 흡사한 최적의 환경을 만든다고는 하지만 기술이 자연을 완벽히 재현할 수는 없는 법이에요. 행여 유행병에 노출이라도 되면 모두 폐기해야 합니다. 그만큼 작물이 건강하지 못한 거예요.

좁은 공간에서 많은 가축을 밀집해서 키우는 공장형 축사나 마찬가지입니다. 그곳에서 길러지는 가축들은 건강하지 못해요. 그래서 항생제를 맞습니다. 빨리 자라라고 성장 촉진제도 맞아야 하죠. 돈을 벌기 위해 만들어진 이러한 시설에 한번 유행병이 돌면 대부분 살아남지 못해요. 요즘 비닐하우스에서

미래 세대를 위한 녹색 특강

기르는 농작물이 살모넬라와 리스테리아 같은 세균에 감염되는 일이 잦아지고 공장형 축사에 조류 인플루엔자, 구제역이 끊이지 않고 퍼지는 이유가 그렇습니다.

가축의 비극, 농산물의 위기

최근 '과수화상병'이 자주 발생하고 있습니다. 세균성 병해의 일종으로 이 병에 걸린 나무는 꼭 화상을 입은 것처럼 줄기와 잎이 갈색으로 변하다가 1년 안에 시들어 죽는다고 합니다. 주로 배나 사과 같은 과실수 피해가 크다고 해요. 당국에서는 전파를 막기 위해 병이 발생한 나무 주변 100미터 이내의 나무를 모두 땅에 파묻고 거기에서 5년 동안 과일 재배를 못하게끔 조치를 취합니다. 농업기술원은 이러한 현상이 빈번해지는 배경으로 지구 온난화를 지목하고 있습니다.

요즘 재배하는 과일나무들은 예전보다 병충해에 취약합니다. 그 이유 중 하나는 바로 사람 입맛에 맞춘 품종 개량이에요. 요즘 사과는 아주 달아요. 제 할머니께서는 사과를 드실 때마다 "어릴 적에 먹던 맛이 아닌데." 하십니다. 품종 개량을 통해 단맛을 늘리고 식감을 좋게 했기 때문이에요. 그러면서 타고난 사과의 유전자는 사람 입맛에 맞추어 단순화하게 됩니다. 또한 농약과 화학 비료에 의지하여 자라다 보니 면역력을 잃었어요. 과수화상병에 속수무책이 된 겁니다. 사과나 배 같은 과일뿐만이 아니에요. 딸기, 토마토, 감자가 그렇고, 옥수수와 콩이 그렇습니다. 인기 있는 한두 품종 위주로 대규모 재배가 이루어지는 곳의 작물은 하나같이 병충해에 약합니다.

가축도 그래요. 원래 이곳저곳 돌아다니면서 풀을 뜯는 소는 고기가 질깁니다. 그런데 우리가 식당이나 마트에서 구하는 소고기는 그렇지 않죠. 무척 부드럽습니다. 그 이유는 바로 소들이 먹는 사료와 좁은 사육 공간에 있어요. 요즘 공장형 축사에서 길러지는 소들은 온종일 갇혀서 되새김질할 수 없는 옥수수와 콩으로 만든 사료만 먹습니다. 그 양이 어마어마해서 미국은 1킬로그램의 살코기를 얻기 위해 16배의 옥수수와 콩을 사료로 먹인다고 해요.

이렇게 풀이 아닌 곡물 사료를 먹고 자란 소는 몸에 지방이 낍니다. 우리는 이걸 '마블링'이라고 하며 맛좋은 고기의 조건으로 칩니다. 사람들이 부드러운 고기를 선호하다 보니 초원에서 소를 방목해서 키우는 호주와 뉴질랜드 농장들도 한국으로 수출하는 소들은 6개월 전부터 축사에 가둔 뒤 곡물 사료를 준다고 합니다.

미래 세대를 위한 녹색 특강

이런 환경에서 자라는 소들은 불행해요. 되새김질을 못 하고 제대로 움직이지도 못하다 보니 스트레스가 매우 커서 수명이 짧다고 합니다. 하지만 사람들은 아랑곳하지 않아요. 외려 더 맛 좋은 고기를 더 많이 얻을 수 있다며 좋아합니다.

구제역은 소와 돼지처럼 발굽이 갈라진 동물이 걸리는 바이러스성 질병입니다. 생후 6개월 미만인 가축이 감염되면 50퍼센트 가까이 죽지만 성체의 사망률은 5퍼센트 정도에 그친다고 해요. 가축들이 이 병에 걸리면 농가는 큰 타격을 받습니다. '가축 1급 전염병'으로 지정된 구제역은 매우 빠르게 전파되는데, 감염된 가축들은 한데 모아서 '살처분'을 합니다.

예전에는 그러지 않았습니다. 2000년 이전만 해도 구제역에 걸린 가축들은 시름시름 앓다가도 대부분 회복되었어요. 그런데 요즘은 감염이 확인되는 순간 모두 죽입니다. 발생 농가는 물론이고 반경 500미터 안에 있는 발굽 달린 가축을 모두 '살처분'해요. 조류 인플루엔자도 마찬가지입니다. 감염이 확인되면 반경 3킬로미터 이내의 닭과 오리와 메추리를 모두 죽여요. 감염 여부는 중요하지 않습니다. 예방 차원에서 살처분하는 거니까요.

잊을 만하면 뉴스에 등장하는 조류 인플루엔자 발생 소식은 2000년 이전에는 없었습니다. 우리나라에는 수많은 철새가 날아들어요. 그중 조류 인플루엔자 바이러스를 가진 새도 있었을 겁니다. 감염된 채로 왔다가 충분히 쉬고 영양을 섭취하고는 건강하게 회복할 수 있었을 거예요. 그런데 요즘은 그럴 만한 공간이 줄어들었어요. 그동안 갯벌이 많이 사라졌기 때문입니다.

농토로 바뀐 갯벌에서도 철새들은 먹이를 찾지 못합니다. 예전 같으면 지푸라기 사이에 떨어진 알곡이라도 먹었을 텐데 지금은 짚을 싹 다 모아서 커다랗게 둘둘 말아 비닐로 씌워 놓아요. 바로 소가 먹을 사료로 쓰일 '곤포 사일리지'입니다. 상황이 이렇다 보니 병든 상태의 철새가 많아지고 이들이 남긴 배설물 등으로 조류 인플루엔자가 퍼질 가능성이 높아집니다.

2022년 농림축산부에 따르면 한해 약 10억 마리의 닭을 식용으로 소비한다고 합니다. 이 엄청난 양의 닭을 길러 내려다 보니 좁은 공간에 몰아넣는 공장형 사육이 등장했어요. 이렇게 길러진 닭들은 전염병에 취약할 수밖에 없습니다. 대량 생산, 대량 소비가 살처분과 공장형 사육이라는 악순환을 부추기고 있는 셈이에요.

우리는 고기를 너무 많이 먹어요. 지나친 육식은 건강에도 좋지 않습니다. 원래 사람은 잡식성으로 태어났어요. 우리의

미래 세대를 위한 녹색 특강

이를 살펴보면 알 수 있습니다. 앞니는 음식을 잘라 내고 송곳니는 뜯죠. 어금니는 갈아 냅니다. 앞니는 채소와 과일을 깨무는 데, 어금니는 곡물을 분쇄 할 때, 송곳니는 고기를 먹을 때 제 역할을 합니다. 그래서 초식 동물인 소와 말, 염소는 송곳니가 없어요. 육식만 하는 호랑이와 사자는 송곳니가 무척 크고 날카롭지요.

　우리 인간은 앞니가 8개, 어금니가 20개, 송곳니가 4개입니다. 이것만 봐도 우리가 육식보다 채식에 적합하다는 걸 알 수 있어요. 육식이 늘면서 각종 질병이 생깁니다. 비만과 당뇨 등 성인병을 앓는 아이들이 많아졌어요. 이는 육식 위주의 식습관과도 관련이 있습니다.

　구제역과 광우병, 조류 인플루엔자와 코로나19까지, 우리를 혼란에 빠뜨리는 각종 전염병은 백신과 항생제만으로 해결할 수 없습니다. 근본적으로 우리 식습관을 바꾸어야 해요. 인간의 지나친 고기 소비가 공장형 사육을 등장하게 했고 이는 가축들을 각종 질병에 취약하게 만들었습니다.

　우리 전통 음식에서 답을 찾아야 합니다. 예로부터 우리 식탁에는 다양한 채소와 나물이 올라왔어요. 콩을 발효해서 만든 된장과 고추장, 그리고 간장으로 버무린 채소는 맛과 영양이 풍부합니다. 요리하는 방법도 건강해요. 기름에 튀기기보다 끓는 물에 데치거나 삶죠. 이런 음식을 많이 먹는 것이 우리의 건강과 지구의 환경을 지키는 일이에요.

내 땅에서 자급자족하는 세상으로

여러분 '로컬 푸드'라고 들어 보셨나요? 기후 위기가 심각해지면서 자기 지역에서 생산된 음식인 '로컬 푸드'에 대한 관심이 늘고 있습니다.

유기 농산물처럼 친환경적으로 생산된 먹거리도 먼 곳에서 선박이나 비행기로 실어 와야 한다면 그만큼 온실가스를 많이 발생시키게 됩니다. 이동할 때 상하지 않게 보관하는 데도 에너지가 많이 들고요. 그래서 로컬 푸드를 강조하는 거예요. 내 지역에서 생산하니 먼 곳까지 실어 나를 일이 없습니다. 신선해서 건강에 좋아요. 무엇보다 누가 어떻게 생산한 농산물인지 알 수 있습니다.

바쁜 도시인이 손쉽게 건강한 유기 농산물을 접할 수 있는 곳이 있어요. 바로 생활 협동조합입니다. 조합원이 되면 생산 현장을 직접 방문해 볼 수도 있어요. 농사는 바쁠 때가 있죠. 씨를 뿌리거나 잡초를 뽑을 때, 그리고 수확해야 할 무렵, 내

신선한 농산물을 판매하는 로컬 푸드 매장.

가족이 먹는 농산물을 생산하는 농부를 도와 주려 농촌을 방문해 보세요. 흙에서 함께 땀 흘리면서 보람을 느낄 수 있을 겁니다.

현장에서 직접 채소를 따서 건강하게 요리해 먹을 수도 있어요. 그곳에서 함께하다 보면 우리에게 건강한 먹거리를 길러 주는 농부들에게 고마운 마음이 들죠. 여건이 허락한다면 근교에 주말농장을 마련해 보세요. 직접 애정을 담뿍 담아 키운 농작물로 만든 음식, 얼마나 맛있는지 모릅니다.

9

새로운 생태 문명을 꿈꾸며

2022년 서울의 어느 대학에서 청소년이 희망하는 직업을 알아보았다고 합니다. 운동선수, 의사, 컴퓨터 공학자, 회사원 그리고 최고 경영자의 순서였다는데, 다른 지역도 비슷하겠죠? 직업 선택의 이유를 물었더니 "좋아하는 일"이라는 대답이 절반 이상이고 "잘할 것 같아서"와 "돈을 많이 벌 것 같아서" 순서였다는 군요. 하고 싶거나 잘할 거로 기대하는 일을 직업으로 선택하고 싶다는 청소년이 많다니 다행입니다.

미래는 어떤 모습일까?

앞으로 청소년 여러분이 어른이 되고 일자리를 마련할 때쯤 엔 지금과는 사뭇 다른 모습일 거예요. 많은 미래학자는 현재 인기 있는 직업이 10년 뒤에는 절반 정도 사라질 것으로 추정 해요.

세상이 변하면 직업이 바뀌기 마련이에요. 일례로 디지털카 메라가 등장하고 스마트폰 성능이 좋아지면서 사진사를 직업 으로 하는 사람의 수가 확 줄었어요. 예전에는 직접 사진관에 가서 사진을 찍거나 필름을 가져가 그곳에서 인화했지요.

요즘 고속도로에서는 요금 징수원을 찾아보기 힘듭니다. 대신 '하이패스'가 있어서 차가 지나가면 자동으로 통행료를 계산해요.

열쇠 수리공도 그래요. 요즘은 자물쇠 대신 번호로 잠그고 여는 디지털 잠금 장치를 많이 사용합니다. 그러다 보니 열쇠 를 만들거나 자물쇠를 고칠 일이 별로 없어요.

인공 지능과 기계의 발달도 직업의 세계를 바꾸어 놓습니 다. 정교하게 반복해야 하는 일이나 위험한 일을 로봇이 맡아 서 합니다. 지진이나 화재 같은 재난 현장이나 자동차 조립 공 장에서 로봇은 필수가 되었어요. 인공 지능은 흔히 미래 산업의 주역이라고 하지요. 지금도 사람이 하기 힘든 일을 척척 해 냅니다. 인공 지능이 농사도 짓고 식당에서 요리해 줄 날도 머지않았습니다. 기대되면서도 한편 걱정이 됩니다. 그만큼 일자리가 사라진다는 뜻이니까요.

그렇다면 어떤 직업이 주목받을까요? 잘은 모르겠지만 아마도 사람만의 고유한 창의력이 필요한 직업은 오래 남을 거로 생각합니다. 하지만 이러한 예측과 함께 우리가 반드시 짚어 보아야 할 게 있어요. '기계가 등장하고 인공 지능이 일자리를 대체하는 세상은 행복한가?' 하는 문제입니다.

우리는 보통 기술이 발전하면 세상이 더 나아진다고 생각합니다. 하지만 꼭 그렇지는 않아요. 빛이 있으면 그림자가 생기는 법입니다. 수렵과 채집으로 살아가던 인류가 농업 기술을 획득하면서 정착 생활을 시작했지요. 그러면서 인간의 땅이 점점 넓어졌습니다. 그러면서 자연을 어느 정도 바꿨지만, 망쳐 놓지는 않았습니다.

인류는 새로운 기술을 계속해서 개발해 나갔죠. 자본주의가 탄생하고 산업 혁명이 일어났습니다. 석탄과 석유로 에너지를 만들고 전기를 발명했고요. 기차와 자동차가 등장하고 건축 기술이 발달하면서 지구 곳곳에 거대한 건축물을 세웠어요. 인류의 삶은 그 어느 때보다 풍요로워졌지만 돈과 권력을

미래 세대를 위한 녹색 특강

좇는 사람들이 많아지면서 사회는 냉혹해지고 자연 생태계는 황폐해져 갑니다.

생태계가 안정을 잃자 전에 없던 재앙이 발생했어요. 이를 극복하려고 과학 기술이 동원되었지만 결과는 좋지 않았습니다. 사람들은 의심을 품기 시작했어요. 지금처럼 발전과 성장만 거듭하다가는 파국을 맞게 되지 않을까? 과학 기술만으로는 이 문제를 해결하기 어렵지 않을까? 하고 말이에요.

2022년 12월 안토니우 구테흐스 유엔 사무총장은 미국 컬럼비아 대학교에서 다음과 같이 연설했어요. "인간은 자연과 전쟁을 벌이고 있는데, 이는 스스로 사라지려는 태도"와 같다고 말이에요. 탐욕스러운 화석 연료 소비가 기후 위기로 치닫게 하고 있다고 경고하면서 그 근거로 공기와 물이 오염돼 해마다 900만 명이 사망한다는 조사 결과를 예로 들었죠. 지금처럼 야생 동물의 서식지를 빼앗는 일이 계속되면 코로나19와 같은 바이러스와 질병이 동물에서 인간으로 옮겨 올 것이라고도 말했죠. 그러면서 이러한 위기를 극복하려면 우리가 '새로운 삶'을 실천해야 한다고 지적했습니다.

청소년들은 이러한 사실을 잘 알고 있어요. 바로 자신들이 어른이 되었을 때 벌어질 일이니까요. 다만 입시 공부에 치이다 보니 이를 탐구하고 대안을 모색할 여유가 없는 거예요. 대

쓰레기로 오염된 해변.

　　　　　　　　　　　　　　　　미래 세대를 위한 녹색 특강

학생들도 그렇습니다. 취업이 가장 중요한 일이 되다 보니 환경 문제의 심각성을 알아도 적극적으로 행동할 생각이 들지 않아요.

하지만 변화의 움직임은 뚜렷합니다. 내일을 위해 행동하는 청년 그레타 툰베리는 그 상징이에요. 기후 위기 대응을 촉구하는 세계 청소년 시위를 이끈 툰베리는 2019년 미국 〈타임〉이 선정한 올해의 인물이 될 만큼 세계적으로 영향력이 있는 사람이 되었습니다. "당신들은 아이들의 미래를 훔쳐 가고 있다." 2018년 12월 열린 기후변화협약 당사자총회(COP24) 연단에 선 그가 전 세계 190개국 대표단들이 보는 앞에서 한 말이에요.

학교에서 배워야 할 것

우리나라는 2050년까지 탄소 중립을 실행할 계획입니다. 우선 2030년까지 2018년 배출량의 40퍼센트 수준으로 줄인다는 계획인데, 실현 가능성은 불투명해요. 참다못한 시민들이 2022년 6월 13일 헌법재판소 앞에 모였어요. 일명 '아기 기후 소송단'이 꾸려진 거예요. 이들은 헌법이 미래 세대의 생존

권을 보장하라고 명시하고 있음에도 기후 위기를 방조하는 정부를 비판하고 대책을 요구했어요.

실제로 다른 나라에 비해 우리나라의 탄소 중립화 정책은 소극적이에요. 2021년 유럽의 환경 단체들이 우리나라를 '기후 악당 국가'라고 비난했을 정도예요. 유럽의 많은 나라는 앞다투어 화력 발전소 가동을 중단하고 있습니다. 그런데 우리나라는 기후 위기의 원인인 화력 발전소를 계속 지을 뿐 아니라, 다른 나라 화력 발전소까지 짓기 때문입니다.

오스트리아의 철학자이자 신학자인 이반 일리치는 자연스러운 삶을 강조합니다. 그는 병원이 외려 병을 만들고, 자동차는 스스로 움직일 권리를 빼앗으며, 학교는 교육이라는 가치를 부정한다고 주장했어요. 우리가 '선진국'으로 떠받드는 미국식 삶은 자연을 파괴해야 가능합니다.

이반 일리치는 오히려 지역 전통문화에 행복이 있다고 말했습니다. 우리는 오랫동안 전통을 부정하고 이를 구시대의 유물 정도로 취급했어요. 서구 유럽의 삶, 자동차와 아파트를 가진 부유한 삶이 행복하다고 생각했습니다. 그러나 행복에 우열이 없듯, 문화와 역사에 서열이 있을 수 없습니다. 반만년 역사를 가진 우리도 마찬가지입니다.

이반 일리치의 비판은 우리 주변에서 쉽게 확인할 수 있습

미래 세대를 위한 녹색 특강

니다. 지하철역에 나붙은 성형외과 광고는 의사가 아름다움을 만든다고 유혹합니다. 그러면서 틀에 박힌 외모를 내세웁니다. 오히려 진정한 아름다움을 왜곡하는 거예요. 또한 제약 회사가 만들어 내는 각종 약물은 새로운 병을 만들어 냅니다.

ⓒ위키백과

이반 일리치

학교는 어떤가요? 배움의 가치를 입시 공부가 대신한 것은 이미 오래전 일이에요. 학교에서 우리는 더불어 사는 삶을 배우지 못해요. 학력이 출세와 성공을 위한 수단이 되어 버렸습니다. 대학에서 생물학을 전공한 저도 그 지식을 요긴하게 사용한 기억이 없어요. 생물학이 무엇이고 어떤 자세로 공부해야 하는지 배웠어야 했는데 그러지 못했어요.

오늘날 대학을 포함한 학교들은 학력 올리기와 정답 찾기에 골몰합니다. 그런데 여러분, 우리가 살아가면서 정말 풀어야 할 문제들의 정답은 딱 정해져 있지 않아요. 중요한 건 정답 찾기가 아닌 질문입니다.

자연을 희생한 대가

우리 사회는 경쟁이 치열합니다. 아주 어려서부터 국·영·수에 골머리를 앓는데 이게 살아가는 데 꼭 필요한 게 아니라는 걸 알면서도 모두 그렇게 해요. 방과 후에는 학원에 가야 하고 대학에 가서는 자신이 원하는 공부보다 취업 준비에 몰두합니다. 직장에 들어가서도 성과 올리기에 정신을 쏟아야 하죠. 이 모든 게 '경쟁' 때문입니다. 사람들은 스트레스를 받으면서도 여기서 벗어나지 못해요. 낙오될까 두렵기 때문입니다. 기후 위기는 우리에게 이러한 삶의 방식을 바꾸라고 요구합니다.

인류가 오늘날 이룩한 부는 화석 연료에 기반합니다. 값싼 화석 연료를 태워서 공장을 돌리고 자동차를 움직였어요. 도로를 놓고 빌딩을 올렸습니다. 수많은 생명이 살아가는 해안을 매립해 공항, 공단, 아파트 단지, 핵 발전소를 커다랗게 지었어요. 사람들은 그 안에서 안락한 삶을 누렸습니다. 그렇게 '선진국'이 되고자 했고 그 안에서 안정된 삶을 누리기 위해 쉼 없이 경쟁했지요. 그러나 이런 시간들이 서서히 저물고 있다는 징후가 세계 곳곳에서 나타나고 있어요.

인류는 대기권에 온실가스를 쏟아 낸 탓에 일찍이 본 적 없는 재앙을 맞고 있습니다. 빙하가 녹고 해수면이 상승해요. 향후 10년 안에 인구 1000만인 인도네시아의 수도 자카르타가 바다에 잠길 거라는 예상이 나올 정도입니다. 전 세계는 해마다 폭염과 한파, 폭우와 가뭄 같은 이상 기후로 몸살을 앓고 있어요. 값싸게 전기를 생산하려고 핵시설을 우후죽순으로 건설하던 세계는 2011년 후쿠시마 핵 발전소 사고라는 전대미문의 사건을 맞게 됩니다. 이 사고로 일본 전역이 방사능에 오염되고 수많은 사람이 다치거나 죽었어요. 그런데도 일본 정부는 반성은커녕 핵 발전소 오염수를 바다에 버려 지구 바다를 방사능으로 오염시키고 있습니다.

인류는 바다에 의지하며 살아왔습니다. 삼면이 바다인 우리가 특히 그래요. 김치를 비롯해 수많은 음식의 발효와 저장에 빠지지 않는 소금이 바다에서 나옵니다. 싱싱한 어패류와 해초류가 밥상에 오르죠. 아낌없이 내주는 바다 덕분인데, 인간은 그 고마움을 알지 못합니다. 갯벌을 매립하고 발전소 온배수로 수온 상승을 부추기더니 이제 핵 오염수까지 바다에 버리고 있어요.

산업 혁명 이후, 인류가 버린 쓰레기로 바다 생태계는 크게 훼손됐습니다. 방사능을 내뿜는 핵 오염수는 이전의 쓰레기들과 질적으로 달라요. 생태계의 다양성과 순환을 돌이킬 수 없게 파괴할 겁니다.

일찍이 전우익 선생은 『혼자만 잘 살믄 무슨 재민겨』라는 책에서 지적했어요. 나만 잘살자고 자연을 함부로 개발한 결과, 숱한 생물로 어우러졌던 생태계는 황폐해졌습니다. 자연에서 태어나 자연으로 돌아갈 우리에게 이제 돌아갈 곳이 없어진 셈이에요.

미래 세대가 이끌 변화

신석기 시대의 돌칼과 요즘 최고 요리사가 쓰는 칼은 재료는 다르지만 기본 구조는 같습니다. 모두 손잡이와 칼날로 이루어져 있죠. 그만큼 칼은 간단한 도구입니다. 1500년 전이나 500년 전이나 농기구 모양은 거의 변하지 않았다고 해요. 실을 뽑는 물레는 부품이 100개를 넘지 않았죠. 인류가 옷을 지어 입으며 등장한 물레는 어느 나라나 모습이 크게 다르지 않다고 해요. 바늘도 그렇죠. 우리 선조들은 이런 도구로 한 땀 한 땀 정성으로 옷을 만들어 입었습니다. 이런 간단한 도구들을 사용하던 시기에는 인간의 삶도 단순했습니다. 직접 먹을 것을 얻고 집을 지으며 자급자족했어요. 필요한 에너지는 자연에서 찾았습니다. 바람, 불, 물, 동물의 힘을 두루 이용했어

미래 세대를 위한 녹색 특강

요. 이들은 한 번 쓰고 나서 버려지지 않았어요. 모두 재생이 가능한 에너지였습니다.

대략 100만 년 전에 지구 생태계에 나타난 인류는 99만 9700년을 그렇게 살았어요. 지금 우리 삶의 모습은 불과 300년 전 산업 혁명에서 출발합니다. 화석 에너지에서 핵 에너지까지 추가한 인류는 승승장구합니다. 분별없이 에너지를 소비해요. 지구 자원을 탕진하면서 만들어 낸 물건들이 넘쳐납니다. 공급이 소비를 크게 앞지르자, 사용되지도 않은 물건이 쓰레기로 버려져요.

더 많은 물건을 팔아야 하는 자본주의는 "소비가 미덕"이라며 사람들을 유혹합니다. 현대인들은 단 1초도 상품을 선전하는 광고에서 벗어나지 못해요. 쏟아지는 물건들은 결국 지구를 망가뜨립니다. 그 결과 발전은커녕 현상 유지도 어려울 지경이 되었어요.

영국의 경제학자 케네스 볼딩은 일찍이 이런 위기를 간파했습니다. 그는 경제 성장이 계속될 것으로 믿는 사람은 미치광이이거나 경제학자뿐이라고 지적했어요. 성장 신화를 맹신하는 기성 경제학계를 비판한 거예요.

2019년 네덜란드 대법원은 정부에 2020년까지 온실가스 배출량을 1990년보다 24퍼센트 감축하라고 판결했습니다.

2013년 환경 단체인 우르헨다 재단과 시민들이 제기한 소송에 대한 응답이었습니다. 정부가 기후 위기에 적극적으로 대처할 의무가 있다고 판단한 역사적인 사건이었습니다. 이 판결 이후 전 세계 곳곳에서 정부를 상대로 한 소송이 이어졌어요.

　우리나라는 기후 위기 대응에 소극적이에요. 경제 성장을 앞세우는 논리가 여전히 위력을 발휘하고 있습니다. 우리나라뿐만이 아닙니다. 세계는 지금도 엄청난 양의 온실가스를 뿜어내고 있습니다. 하지만 절망하지 맙시다! 오늘날 전 세계 많은 이들이 나이와 성별, 국적과 피부색에 관계없이 행동에 나서고 있어요. 우리 청소년들도 목소리를 내고 있지요. 실천과 연대가 미래를 바꿉니다. 앞으로 많은 이들이 함께하여 변화를 이끌어 냈으면 합니다.

미래 세대를 위한 녹색 특강